조용한 열정

국립중앙도서관 출판시도서목록(CIP)

조용한 열정 : 조은 산문 / 조은 지음 ;
정경자 사진. -- 서울 : 마음산책, 2004
   p. : 삽도 ;   cm

ISBN 89-89351-64-2 03810 : ₩9500

814.6-KDC4
895.745-DDC21   CIP2004002144

조용한 열정

조은

마음산책

조용한 열정

1판 1쇄 인쇄 2004년 12월 1일
1판 1쇄 발행 2004년 12월 5일

지은이 | 조은
사진 | 정경자
펴낸이 | 정은숙
펴낸곳 | 마음산책

편집 | 고은희·남영숙·박지영   디자인 | 이지윤
영업 | 공태훈   관리 | 전현희

등록 | 2000년 7월 28일(제13-653호)
주소 | 서울시 서대문구 충정로 3가 270 (우 120-840)
전화 | 362-1452~4 팩스 | 362-1455
홈페이지 | http://www.maumsan.com
전자우편 | maum@maumsan.com

종이 | 화인페이퍼
인쇄 | 한영문화사
제본 | 정민제본

ⓒ 2004, 조은·정경자

ISBN 89-89351-64-2 03810

* 책값은 뒤표지에 있습니다.

돌이켜보면 나는 언제나 작은 것을 지키느라 큰 것을 잃었다.
한번도 흑자를 내보지 못한 내 삶에게 이 책을 바친다.

옛날부터 내가 다른 사람들과는 조금 다르다는 것을 느꼈다. 그 다름의 의미을 알고 싶었다. 내게도 삶의 열정이 있다면, 나는 그것이 조용히 흘러가기를 바랐다.

올 봄, 한 방송국의 개국 특집 프로였던 〈예술가의 초상〉에 출연하게 되어 스태프로 일하던 정경자 씨를 만났다. 그녀는 카메라를 들고 밤낮 없이 우리 집을 방문했다. 조용하고 성실하게 일하는 모습에 매혹되어 꼭 한번 같이 일해보고 싶었다.

2004년 겨울

조 은

차 례

긴 긴 하루, 짧은 세월
13

짙은 분냄새
28

지독한 편식
39

소중한 것들은 무겁다
48

쓸개를 핥는 시간
65

일찍 피는 꽃들
78

허공을 딛는 마음
94

순간의 진실, 영원한 진실
107

어둠에는 덮고 자던 이불 냄새가
119

이기주의의 여러 모습들
130

난해한 사랑이여
140

보이는 것보다 더
154

엉뚱한 날들
171

내가 만일 그 시대를 살았다면
182

손의 미각 味覺
194

행운을 돈으로 받아야 할까?
204

이제 나는 어두운 의식을 한순간에 꽃망울처럼 향기롭게 터뜨리는 정신세계가 존재한다는 것을 안다.

긴 긴 하루, 짧은 세월

나는 어렸을 때 기억력이 무척 좋았다. 스스로도 믿기지 않을 만큼 오래된 일을 선명하게 기억할 때마다 나는 속으로 헬렌 켈러를 떠올리곤 했다. 나의 동양 나이를 서양 나이로 환산해보면 나도 헬렌 켈러만큼이나 좋은 기억력을 간직하고 있었던 셈이다.

비교적 선명한 내 기억 중 가장 오래된 것은 나와 두 살 차이지는 남동생의 돌잔치 날이다. 그날의 기억은 집요할 만큼 길고, 선명하다. 나는 육남매 중 셋째이자 셋째 딸인데, 다행히도 자라면서 부모로부터 차별받은 기억이 없다. 어른들의 속마음이야 보이지 않으니 알 수 없었지만, 우리 집에서는 아들을 위해 딸이 희생을 강요받은 적도 없거니와 맛있는 음식에서부터 포근한 잠자리까지 딸들이 늘 우선권을 가지고 자랐다. 만일 집에서 차별받고 자랐다면 나는 분명 페미니스트가 되었을 것 같다. 에코 페미니즘으로는 성이 차지 않아 과거 남성들이 누렸던 권위와 특혜를 이제는 여성들이 누리는 구조로 우리 사회가 재편되어야 한다고 앞서 주장할지도 모른다.

그런 내가 40년도 더된 남동생의 돌잔치를 통해서 언젠가는 내가 차별받았다는 사실을 깨닫는다는 것이 너무 지나치다는 생각이 들 정도다. 하지만 그 일로 인해 나의 부모가 딸들을 대하는 태도를 상당히 수정한 것은 아닐까, 하는 생각까지 떨쳐낼 수는 없다.

그랬다. 나는 바로 밑 남동생의 돌날 일을 수십 년이 지난 후에 완벽하게 기억해 그때 일을 잊고 있던 어머니를 깜짝 놀라게 했다. 그날 동생이 돌상에서 무엇을 집었는지, 걸음걸이는 어땠는지, 어느 방에다 돌상을 차렸는지, 손님들이 밤늦도록 어느 방에 모여 놀았는지, 괜히 심술이 난 내가 어떤 돌발적인 행동을 해 흠씬 얻어맞았는지…….

내가 어느 날 그 이야기를 시작하자 어머니는 조용히 그날 일을 떠올리려고 애썼다. 어머니를 도와주려고 나는 그날 일을 주절주절 읊조렸다. 어머니의 눈에 점점 초점이 모이더니 드디어 내가 매를 맞았던 사건을 기억해내며 폭소를 터뜨렸다. 그 일을 제대로만 기억했다면 조용한 어머니도 그렇게 크게 웃을 만했다.

돌을 맞은 남동생은 잘 걷지도, 똑 부러지게 엄마라는 말을 하

추억의 무늬 1

지도 못했다. 그렇지만 녀석은 그날이 자신을 위한 날인 것만은 알고 있는 눈치였다. 걷지도 못하는 녀석이 돌상을 짚고 선 채 가만히 있어도 곧 넘어질 것처럼 휜 다리를 굴리며 이것저것 욕심껏 움켜집더니 제 녀석을 보고 있는 사람들을 돌아보며 히죽 웃었다. 앞사람에게 가려 녀석의 모습을 보지 못한 어깨너머 사람들은 "헌영이가 뭘 집었어?" 하고 물었고, 사람들은 녀석이 움켜잡고 있는 것들 중에서 무엇을 집었다고 말해야 할지 몰라했다. 얼마나 신경을 곤두세웠던지 무거운 피로에 짓눌린 나의 기억은 거기서 뚝 끊긴다.

다시 기억나는 것은 그날 밤이다. 나는 혼자 어두운 방에서 자다가 옆방에서 들리는 왁자지껄한 웃음소리를 듣고 잠이 깼다. 커다란 장롱이 있던 그 방의 방바닥은 따뜻했고 창밖에서 들어오는 불빛 때문에 방안은 사물을 분간할 수 있을 정도로 어두웠다. 잠이 깬 후에도 나는 그때껏 느껴보지 못했던 낯선 기분에 사로잡혀 그대로 누워 있었다. 그러다 갑자기 참을 수 없을 만큼 소변이 마렵다는 것을 느꼈다. 그때 다시 옆방에서 여러 사람이 한꺼번에 웃는 시끄러운 웃음소리가 들렸다. 나는 아주 이상한 기분에 사로잡혀 덮고 있던 이불을 걷어내고 누웠던 자리에서 천천히 몸을 일으켰다. 그리고는 그날 하루종일 나를 괴롭혔던 바로 그 기분에 사로잡혀 옆방 문을 열어젖혔다. 불빛 아래서 커다란 원을 만들고 둘러앉아 이야기를 주고받던 사람들이 한꺼번에 나를

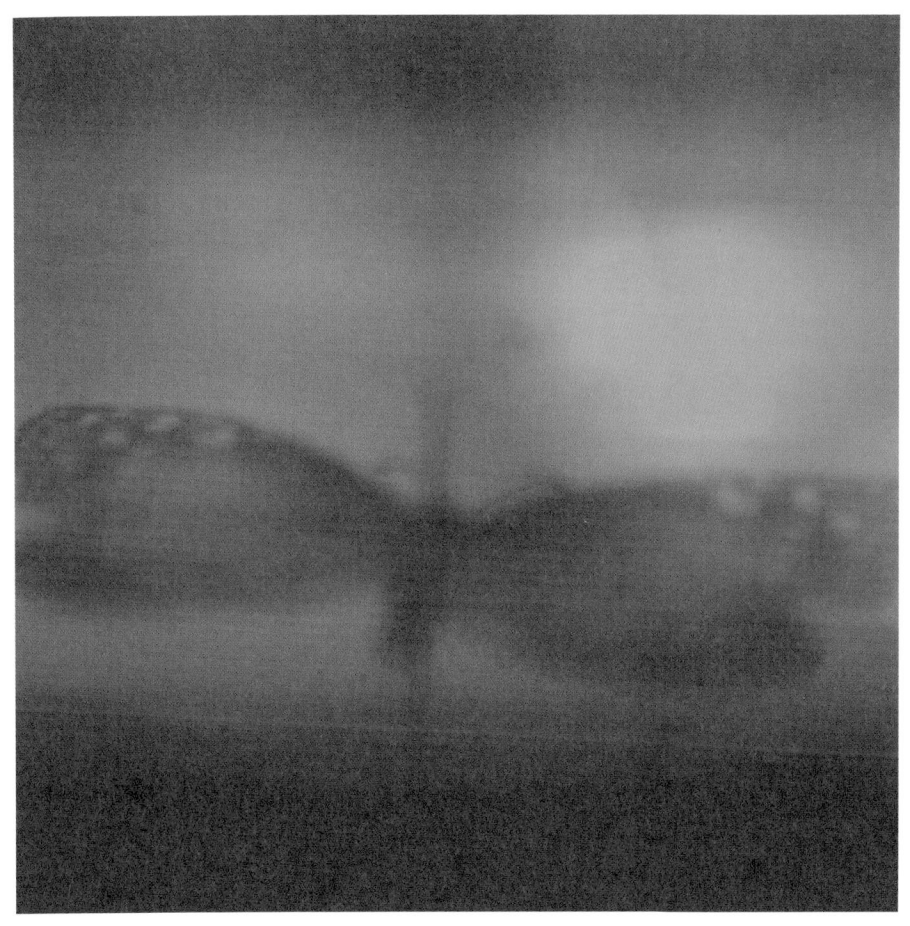

추억의 무늬 2

바라봤다. 나는 성큼성큼 그 원의 한가운데로 걸어들어갔다. 그리고는 누가 말릴 사이도 없이 옷을 내리고 소변을 눴다. 너무도 시원했다. 방이 경사졌던지 한쪽으로 흘러내려가는 소변을 피하며 어른들이 아이들처럼 "엄마야!" 하고 소리를 질렀다. 비로소 살 것 같았다. 나는 옷을 올리고 혼비백산한 사람들이 걸레를 찾아 허둥대는 그 방을 유유히 걸어나왔다.

누웠던 방으로 되돌아가기도 전에 누가 빗자루로 나의 등을 후려쳤다. 엄마였다. 회초리를 찾을 수도 없을 만큼 화가 난 엄마는 내가 방금 확실히 얼굴을 세우고(!) 온 옆방에 있던 사람들이 다 보고 듣도록 방문을 활짝 열어놓은 채 미친 사람처럼 빗자루를 휘둘렀다.

"애가 뭐가 되려고 이 모양이야! 내가 창피해서 못살아! 어휴, 내가 못살아! 어떻게 이런 애가 내 속에서……."

아무도 달려와서 말려주지 않았다.

그렇게 기억력이 좋았던 내가 전혀 잊을 리 없는 일들을 기억하지 못하는 것은 순전히 심리적인 것 같다.

삶이 너무도 암담해서 죽음을 기다리며 삶을 허비하던 시절이 내겐 있었다. 구질구질한 삶을 내 힘으로는 도저히 어쩔 수 없어 죽으면 모든 것이 끝날 것이라며 의식이 죽음을 등불처럼 좇아가며 살던 시절이었다. 그 시절의 어느 날 여름, 우리 형제들은 소백산을 올랐다. 직장생활을 하던 나는 휴가 중이었고, 다른 형제들은 방학이었던 무덥던 날이었다. 막 대학을 졸업하고 고등학교에서 교편을 잡은 언니의 친구가 따라나서 찍어준 사진이 없었다면 늘 지워내려 애쓰며 살았던 그때의 기억들은 결코 지금처럼 되살아나지 못했을 것 같다.

막내와 큰언니가 빠진 그 산행은 우리 형제들에겐 제대로 된 첫번째 산행이었다. 처음에 우리는 희방사 폭포까지만 가려고 했었다. 그래서 꼼꼼히 등산 준비를 하지 않았고, 땀이나 비에 젖으면 뻣뻣하게 수축되어 살을 쥐어뜯는다는 이유로 등산에서는 금기인 청바지를 입기도 했다. 살아서 천 년 죽어서 천 년 간다는 주목숲이 그 산 어디에 있었는지도 기억나지 않는다. 연화봉까지 가는 가파른 산길은 며칠 전 내린 큰 비에 드문드문 끊겨 있었다. 길이 끊길 때마다 남동생이 얼른 두 손을 깍지 껴 계단을 만들어 우리 앞에 내밀었다. 우리는 주저 없이 그 손계단을 밟고 앞으로 나아갔다. 산 아래에서는 해가 쨍쨍했지만 산이 높아질수록 구름을 몰고 다니는 바람 때문에 걸음을 멈추면 땀에 젖은 몸은 금세 식어 이가 마주쳤다. 그렇게 산을 오르며 나는 산 아래에 두고 온 것들로부터 가벼워지는 느낌을 받았다. 산 아래에 있는 무엇인가로부터 더 많이 풀려난 듯한 목소리로 내 형제 중 하나가 노래를 불렀다. 나도 따라 불렀다. 우리들의 노래는 청승맞았지만 알 수 없는 희망이 담겨 있었다.

삶으로 다가오는 형상들

지금보다 몸무게가 훨씬 덜 나가는 그때의 사진 속 내 몸이 통통 부어 볼 만하다. 그 산행이 얼마나 힘들었는지 실감나게 하는 몰골이다. 마치 천형처럼 어렸을 때부터 나는 잘 부었다. 부으면 금방 피로해져 아무데서나 눕고 싶다는 생각밖에 들지 않았던 나는 철없던 어린 시절의 추억 속에서도 소풍을 기다려본 기억이 없다. 나는 늘 여럿이 함께하는 행동에서 피로에 짓눌려 무거워진 눈꺼풀을 밀어올리며 쉴 자리를 찾곤 했다. 잘 붓지 않았다면 어쩌면 나는 술주정뱅이가 되었을지도 모르겠다. 나는 그때 그때의 상황에 따라 술 한잔에도 튀김옷처럼 부풀어오르는 육체를 방관할 수만은 없었다. 붓는 증세 때문에 나는 인내하는 법을 배웠다. 아침이면 퉁퉁 부은 얼굴로 출근하지 않으려 이불을 뒤집어 쓰고 울지 않았고, 과식도 하지 않았다. 내게 절제력이 있다면 그 때문에 생겼다고 확신이 들 정도다.

　소백산을 올랐던 그 무렵 나는 삶을 생각하지 않았다. 미래에 대한 희망이 없기는 내 형제들도 마찬가지였다. 그런데도 사진 속 얼굴들이 웃고 있다니 신기할 뿐이다. 아무래도 우리들은 사진은 웃으면서 찍어야 한다는 촌스러운 고정관념을 가지고 있었던가 보다. 그도 아니면 그날만큼은 우리들이 정말로 행복했는지도 모르겠다.

　이제 나는 어두운 의식을 한순간에 꽃망울처럼 향기롭게 터뜨

그림자의 재생

리는 정신세계가 존재한다는 것을 안다. 하지만 지금도 나는 가끔 그 무렵 나를 죽음으로 이끌던 귀에 익은 목소리를 듣는다. 나는 삶과 죽음의 아슬아슬한 경계에서 들려오는 소리들을 알고 있다. 부산한 발자국 소리와 끝없이 열렸다 닫혔다 하는 문소리와 나를 부르는 슬픈 목소리…….

사람들은 우리 형제들을 보고 우애가 좋다고 말한다. 이상하게도 그 말을 들을 때마다 나는 깜짝깜짝 놀란다. 다시 생각해보면 그 말은 맞는 것도 같고, 틀린 것도 같다. 상처받은 인간의 자의식이 만드는 극한의 상황까지 가보았던 우리는 서로 싸우지 않으려 애쓸 뿐이다.

언젠가는 마흔이 다된 여동생이 신학대학에 진학하려 한다는 말을 들은 내가 냉랭하게 반대 의견을 말했다. 세상에는 이미 수많은 종교적 금기가 있고 동생은 그것들을 교리에 맞게 잘 지키며 착하게 살고 있는데, 스스로 또 다른 금기 사항을 자신의 삶에 추가하려는 것 같아 답답했기 때문이다. 내 의견을 들은 동생의 얼굴에는 섭섭한 기운이 가득했지만 아무 말도 하지 않았다. 또 얼마 전에는 시어머니를 모시고 회사를 다니며 집안살림까지 맡아 하느라 조용히 앉아 차 한 잔 마실 시간 없는 언니가 대학원에 진학했다는 말을 뒤늦게 들었다. 우리들의 반응을 미리 짐작해 한동안 그 사실을 비밀로 해온 언니의 말에 의하면 자신에겐 재충전이 필요한 시점이라고 했다. 언니가 예상했던 대로 나는 그 말을 듣자마자 제발 그렇게 악착같이 살지 말라며 쌀쌀맞게 말했다. 언니는 기가 차다는 듯이 멍한 얼굴로 나를 한동안 바라봤지만 역시 아무 말도 하지 않았다. 나의 형제들은 못된 내 성격의 형성 과정을 알고 있고, 나는 내 형제들의 갈증이 어디서부터 시작된 것인지 알고 있다.

가끔 그 시절의 삶이 그토록 힘들었던 것은 우리 가족들이 유난히 자존심이 강했기 때문이라는 생각이 든다. 어쩌면 그 별난 자존심을 다쳤기 때문인지도. 자존심을 신주단지처럼 들고 쩔쩔매며 살던 아픈 시절이 우리에겐 있었다.

표적을 남기는 시간들

역류하는 시간들

짙은 분냄새

 오래 전 같은 집에서 살았던 사람과의 인연이 끊기지 않고 이어지고 있다. 그녀는 그 집에서 살다가 연립주택을 사서 이사갔고 나는 아직 전셋집을 전전하지만, 여전히 우리는 같은 동네에서 산다. 술집 마담인 그녀가 살아가는 모습을 보고 있으면 문득문득 어릴 때 내 친구 미진이가 떠오른다.
 우리 동네에는 고만고만한 구멍가게들이 많이 있는데도 그녀는 늘 우리 집 앞에 있는 구멍가게에 와서 담배를 산다. 에세나 버지니아 슬림 같은 날씬한 담배를 사서 몸을 살랑살랑 흔들며 그냥 가버릴 때도 있지만 가끔은 우리 집에 와서 초인종을 누른다. 똑같은 초인종 소리를 듣고도 나는 그녀가 누르는 초인종 소리를 명확히 구분해낸다. 마음이 편안하고 한가할 때가 아니면 나는 그녀가 아무리 악착같이 초인종을 누르고 대문을 두드려도 달려나가 문을 열어주지 않는다. 그녀도 끈질기고 나도 끈질기다. 그런 일이 반복돼도 그녀는 기분이 내키는 대로 우리 집을 찾아오고, 나는 마음이 허용될 때만 대문을 열어준다. 그렇다고 영원히 그녀를 피할 수 있는 것은 아니다. 전화 때문이다.

얼마 전 그녀가 전화해서 앞뒤 없이 물었다.

"야, 넌 몇 사이즈를 입냐?"

나는 내 마음과는 상관없이 그녀에게 지출해야만 했던 몇몇 억울한 기억들을 떠올리며 약간 쌀쌀맞게 되물었다.

"그건 왜요?"

"글쎄. 야, 넌 몇 사이즈를 입냐니깐!"

같은 말을 되풀이하고 싶지 않은 것은 나도 마찬가지였다. 그렇지만 대답을 듣자마자 그녀가 그 치수의 옷을 들고 팔러 달려올 것만 같아 나는 최대한 애매하게 말했다.

"어떤 옷은 오오 사이즈도 입고, 옷에 따라서는 팔팔까지 입어요."

나는 그 대답에 스스로 만족했다.

"너네 옆집 애는?"

하느님, 맙소사. 그녀는 나의 옆집에 살고 있는 친구에게까지 무엇인가를 강매하려는 것 같았다. 내 말 한마디에 넉넉하지도 못한 친구까지 엮여들어갈 수도 있는 상황이라 나는 더 단호하고 쌀쌀맞게 말했다.

"몰라요. 그리고 걔는 취향이 아주 까다로워요."

"글쎄, 걔 사이즈는 몇이냐니깐!"

내 힘으로 막을 수 있는 일이 아니었다.

"걔도 나랑 비슷하게 입어요."

나는 적당히 얼버무리고 전화를 끊었다. 그런데 뜻밖에도 그녀는 무엇을 팔러 온 것이 아니라 선물을 가지고 왔다. 옷 치수를 물었던 것은 선물을 사는 데 참고로 하려고 했던 것이다. 속옷을 사기 위해 겉옷 치수를 물을 수도 있다고는 생각지도 못했지만. 그녀가 가지고 온 선물 포장을 뜯자 종이상자 안에 색색의 팬티 세 장이 들어 있었다.

"늘 니들한테 신세만 져서 미안해서 준다. 나, 얼마 전에 성당에서 영세받았어."

그때서야 찬찬히 들여다보니 그녀의 얼굴이 여느 때와 달리 편안해보였다. 늘 메말라보이던 얼굴과 눈엔 윤기가 돌고 골판지처럼 접혀 있던 미간도 스팀다리미로 다린 듯 잘 펴져 있었다. 그녀는 한번도 빠짐없이 새벽 미사를 보러 다닌 이야기며 자신의 대모에 관한 이야기를 늘어놓으며 돌아갈 생각을 하지 않았다.

"나는 수녀님들이 너무너무 멋져보여. 다시 태어나면 나도 꼭 수녀님이 될 거야."

평소 내가 알고 있는 그녀는 성소에서도 영업을 해야 어울릴 것 같았는데 정말 뜻밖의 말이었다. 그러는 한편 지금껏 그녀가 살아온 삶을 생각하면 충분히 그런 말을 할 수도 있겠다 싶어 마음이 아릿했다.

그런 그녀를 대할 때마다 나는 늘 아스라한 향취를 느낀다. 그 향의 근원은 먼 옛날로 거슬러올라간다.

우리 골목에는 나와 같은 학년이 네 명 있었다. 그중 한 명은 영어 선생님이 되었고, 다른 한 명은 중학교 때 서울로 전학하자마자 전교 1등을 하여 우리 모두를 놀라게 했지만 지금은 가족들의 생계를 책임지는 억척스런 살림꾼이 되어 있으며, 또 다른 하나는 백혈병으로 오래 전에 이 세상을 떠났다. 나머지 한 명은 나였다. 영어 선생님이 된 친구의 아버지는 고위 공무원이었으며 어머니는 선생님이었다. 그리고 백혈병으로 죽은 친구는 무슨 이유로 부모를 떠나 이모와 살고 있었는데, 이모는 술집을 하고 있었다. 한복을 차려입은 수많은 여자들이 남자들의 술시중을 들던 그 집은 살림집도 겸했다. 어떻게 주택가 골목 한복판에 그런 거창한 술집이 들어앉아 영업을 하게 되었는지는 모르지만…….

나는 그들 세 명의 집을 모두 오가며 놀았다. 그러나 선생님이 된 친구는 죽은 친구와 제일 가까이 살면서도 절대로 그 집에 발을 들여놓지 않았다. 그것은 자식의 교육에 깊은 관심을 갖는 부모의 선택이자 그 친구 스스로의 선택이기도 했다. 겨우 10년 남짓 살아온 어린 나이에 그 아이는 부모의 축소된 모습으로 인격을 형성하고 있었던 것이다. 그 친구의 부모는 내게도 가끔 맹모삼천지교를 인용하며 친구를 잘 사귀어야 한다는 말을 하곤 했다. 미진이가 옆에 있든 없든 그들은 신경 써서 말하지 않았다. 그때 나는 어려서 늘 시무룩하던 미진이가 입을 마음의 상처를 깊이 헤아리지 못했다. 내가 조금만 더 생각이 있었다면 모두들 보란듯이 미진이의 손을 잡고 골목을 뛰어다녔을 텐데. 그러면 미진이의 마음이 조금은 덜 아팠을 텐데.

  미진이의 소외감에 동참하지는 못해도 나는 자주 그 아이네 집에 가서 놀았다. 그럴 때면 어머니는 눈에 띄게 예민해졌다. 그때 나의 어머니도 가족들의 생계를 위해 무엇인가를 해야 할 절박한 형편이었지만, 일제 때 고작 소학교를 다녔던 어머니가 할 수 있는 일이란 너무도 제한적이라 한숨만 쉬고 있었다. 미진이의 이모와 마주칠 때마다 인사를 나누는 사이인 데다 장차 우리 집 환경에 대한 불안감을 키우던 어머니에게 술집을 해서라도 자신의 삶을 꾸려나가는 미진이 이모는 남다르게 보였을 것도 같다. 그 때문이었던지 어머니는 내가 미진이네 집을 드나드는 것을 힘들어하면서도 내놓고 말리지는 못했다. 대신 손님이 드나드는 저녁 무렵부터는 절대로 미진이네 집에 가지 않겠다는 약속을 내게 몇 번이나 받았다. 나는 어머니와의 약속을 잘 지켰지만 대낮부터 술집에서 퍼마시는 놈팡이들도 있다는 사실까지는 순진한 어머

무의식을 여는 단서

니도 알 리 없었다. 그래서 나는 풀어질 대로 풀어진 남녀들이 만나면 터져나오는 퇴폐적인 웃음과 평소와는 다른 느낌으로 말하는 이상한 차원의 어른들 언어가 있다는 것을 알아채버렸다.

미진이네 집에는 방이 아주 많았다. 미닫이문을 다 열면 하나로 합쳐져 운동장만큼 커지는 방도 있었다. 방마다 화려하고 두툼한 방석이 쌓여 있어서 그것을 쌓아놓고 놀다보면 시간 가는 줄도 몰랐다. 그 집의 주인이자 마담이었던 미진이의 이모는 이따금 나에게 먹을 것을 줬지만, 서른이 다되도록 채식만 했던 내 기억에 남는 음식은 청포묵뿐이다. 음식에 대한 기억은 고작 그 정도지만, 그 집에 짙게 깔려 있던 분냄새는 아직도 내 기억 속에서 강렬한 향을 뿜어댄다.

손님에게 줄 음식을 만들던 널따란 부엌에 딸린 작은 방에서 미진이와 나는 문을 열어놓고 앉아 부산한 부엌을 내다보기도 했다. 상다리가 휘도록 차린 술상에서 올라오던 수증기, 고기냄새, 분냄새…… 두세 명이 양쪽에서 상을 들고 마당을 가로질러 가 미닫이문을 열 때 언뜻언뜻 보이던 하얀 버선발과 속치마…….

나는 가끔 미진이가 부모를 떠나 이모와 사는 불안하고 어수선한 환경 때문에 나쁜 병에 걸렸을 거라는 생각을 한다. 미진이의 이모는 이따금 지옥에나 떨어지라는 식의 지독한 저주와 욕설을 그 아이에게 퍼붓곤 했다. 그때마다 나는 왜 미진이가 굶어죽지 않고 이모라는 자가 주는 밥을 얻어먹으며 학교에 다니는지 이해하지 못했다. 그토록 나쁜 환경에서 살았던 미진이는 굶어죽지 않고 몹쓸 병에 걸려 이 세상을 떠났다.

　그 집에서 숙식을 제공받으며 손님의 수발을 들던 여자들끼리 머리채를 잡고 엉켜 싸우는 것을 놀란 눈으로 바라보던 우리들의 모습도 아직 눈에 선하다. 그 때문이었을까. 세상 모르던 내 직감으로도 왠지 미진이의 삶은 순탄할 것 같지 않았다. 쭉 뻗은 예쁜 몸매를 가졌던 아이, 윤기 나는 새카만 머리카락이 만져보고 싶을 만큼 찰랑거리던 아이, 한번도 밝게 웃는 모습을 보지 못했던 아이, 불쌍한 내 친구 미진이…….

　감기약을 먹고 잠들었는데, 끝없이 전화벨이 울린다. 전화벨이 계속해서 울릴수록 짐작되는 얼굴들이 하나하나 떨어져나가고 마지막에는 나의 이웃의 얼굴만 남는다. 그 순간에도 전화벨은 악을 쓰며 울린다. 귀를 막아도 울리고, 이불을 뒤집어써도 울리고, "으악!" 소리를 질러도 울린다. 안 받고 싶지만 안 받을 수가 없다.

　"야! 넌 대체 왜 그렇게 전화를 안 받냐?"

　이미 전화는 끊긴 뒤였지만 나는 환청으로 그녀의 걸쭉한 목소리를 듣는다. 일어난 김에 쌍화탕이라도 사올 겸 밖에 나갔다가 슈퍼마켓 앞에서 그녀를 만난다.

　"좀 전까지 전화를 안 받더니……."

짐작대로 전화를 한 사람은 그녀였다. 그녀는 화가 바짝 나 있다. 그것이 유세라도 되는지 그녀는 거의 강제로 나를 끌고 자신의 가게로 간다. 퀴퀴한 곰팡내와 찌든 담배 냄새가 코를 찌른다. 나는 미진이가 살아 있다면 그녀처럼 되었을까 아닐까를 생각하느라 그녀가 눈앞에서 하는 말을 제대로 듣지 못한다. 그녀는 내가 알아들었거나 말거나 턱을 높이 쳐들고 더 심한 욕을 하기 시작한다. 눈썹 문신이 꿈틀하고, 매끈하게 성형이 마무리되지 않은 콧방울과 잇닿은 살이 옅은 자주색을 띤다. 그쯤에서 정신차려 들어보니 신부님을 욕하고 있다. 그런데 세상에! 신부님을 마치 시정잡배처럼 취급하며 낯뜨거운 욕설까지 퍼붓는다. 나도 도덕주의자는 아니지만 더는 듣기가 힘들어 그녀의 눈을 똑바로 바라보며 한마디한다.

"세상에. 자신이 믿고 있는 종교의 성직자를 그렇게 말하는 사람이 어딨어요!"

그 한마디에 그녀는 얼씨구 좋구나, 하는 투가 되어버린다. 더 막나가기 시작한다. 침을 튀기며 하는 말을 귀담아 들어보니 신부님이 유독 그녀의 인사만 받지 않는다는 것이다. 신부님이 왜 그랬을까. 그녀가 어떻게 살아왔고, 어떻게 살아가는지 알고 있기 때문일까. 그렇다면 실망이다. 신부님이 그래서는 안된다. 신부님은 모든 사람에게 공평해야 한다. 불행한 사람에게는 더 친절해야 한다. 그래도 내가 하는 말은 이성적이다.

닮아가는 슬픔, 기쁨

"왠지 신부님들은 혼자 사는 여자들에겐 거리를 둘 것 같은데요."

나는 한번도 본 적 없는 신부님을 두둔한다.

"제가 신부님이라도 그렇게 할 것 같은데요."

내 말에 그녀의 눈썹 문신이 한번 더 꿈틀거린다. 더 화가 난 걸까. 그녀는 호탕하게 웃더니 그럴 수도 있겠다고 말한다.

"너는 글을 쓰는 사람이니 지금 내가 한 이야기를 그대로 써라."

내가 그녀의 진짜 이름과 나이를 모르듯이 그녀도 내 이름과 정확한 직업과 나이를 모른다. 알고 지낸 지 15년이 다되도록 거의 매일 보는 사람끼리 그럴 수도 있다는 사실을 내심 신기해하는 내게 그녀는 갑자기 진지한 얼굴로 말을 잇는다.

"다 글로 쓰고, 대신 한턱내라!"

그 마음도 오래가지 않는다. 그녀는 또 쌍시옷이 고물처럼 묻은 긴 욕설을 한 말은 됨직한 떡처럼 뽑아낸다. 짙은 분냄새 속에는 지속적인 사고를 방해하는 뭔가가 숨어 있는 것 같다. 그 옛날 미진이네 집에서도 간드러지는 웃음 뒤에는 자주 영혼이 찢기는 듯한 비명소리가 들렸었다.

지독한 편식

　편식이 심한 사람들의 정신을 분석한 책이 있었으면 좋겠다. 지난날 내가 병적이다 싶을 만큼 편식이 심했는 데다 지금도 다른 사람들에 비해 선입견 없이 음식을 잘 먹지 못하기 때문이다. 나 자신을 제대로 알려면 편식의 심리만 분석해도 될 거라는 생각도 든다. 오래 전부터 나의 그 지독한 편식이 시작된 정신적 심리적 요인을 찾아내 제대로 극복하고 싶었지만 거식증이나 폭식증과 관련된 책은 봤어도 편식을 병리학적으로 접근한 책은 아직 찾아 읽지 못했다.
　봄이면 찹쌀떡처럼 하얀 마른버짐을 얼굴에 뒤집어쓴 채 영양이 부실한 부스스한 머리를 소쿠리처럼 이고 다니던 아이가 바로 나였다. 정말이지 나는 머리에서 그 소쿠리를 내릴 수만 있다면 두 개인 신장 중 하나는 떼어낼 수 있을 것도 같았다.

몇 년 전, 그 시절에 나를 가르쳤던 선생님 세 분을 만난 적이 있다. 그때 한 선생님이 나를 보더니 나의 존재를 강력히 부정했다. 친구들이 '설마 쟤를 못 알아볼까' 하는 눈길을 주고받고 있을 때 선생님의 말이 이어졌다.

"넌 소쿠리 머리였잖아. 너하면, 소쿠리 머리 아니었니?"

성공하면 고향에도 가지 말고, 곤궁할 때 알고 지냈던 사람도 만나지 말라는 세간의 말이 왜 생겼는지 알 것 같았다. 나는 성공하지 못해서 옛 친구들도 만나고 가끔 고향에도 가지만, 본인인 나도 까마득하게 잊은 일을 또렷이 기억해내는 사람의 입을 무슨 방법으로 막는단 말인가. 선생님 말이 맞았다. 부언하지만 나는 까슬까슬하고 부스스한 소쿠리 머리를 한 여학생이었다. 지금은 다양한 헤어 제품들이 나와서 머릿결이 뻣뻣해지는 약간의 불편만 감수하면 얼마든지 머리 모양을 마음에 들게 만들 수 있지만 그때만 해도 그런 제품이 시중에 전혀 나와 있지 않았다. 그래서 부스스한 머리를 조금이라도 가라앉히려면 머리를 감고 나서 물기가 남은 상태로 보자기를 쓰고 머리카락이 들리는 것을 물리적으로 눌러주며 말리거나, 아예 잠자기 전에 머리를 감아야만 했다. 샴푸로 감으면 그나마 있던 기름기가 다 빠져버려 분열되는 의식처럼 사방으로 뻗치는 머리를 그렇게라도 한풀 꺾어야만 했던 것이다.

한마디로 가관인 내 머릿결의 가장 큰 원인은 편식이었다. 그 시절 나의 편식이 얼마나 심했던지 내 어머니가 한 최초의 욕설은 나를 향해, 더 정확히는 내 편식을 향해 저주처럼 퍼부어졌다. 나는 고기를 먹는 가족들이 젓가락을 갖다대는 반찬도 먹지 않을 만큼 병적으로 예민해졌다. 어머니는 반쯤 미친 나 때문에 밥을 하면서 수없이 칼과 도마를 씻어야만 했고, 나는 모든 음식의 조리 과정이 의심스러워 신경을 곤두세우고 부엌의 어머니를 감시했다. 그러다보니 점점 나의 편식에도 명분이 생겼다. 쑥갓과 깻잎과 미나리는 향이 강해서, 우유는 소의 젖이라서, 버섯은 씹을 때 느낌이 고기 같아서, 생선은 눈을 말갛게 뜨고 있어서, 꿀은 인간들이 조그만 벌들에게서 빼앗은 거라서 먹을 수 없었다.

편식이 절정에 있을 때 국내에서 소고기 파동이 생겨 갑자기 소고기 값이 엄청나게 뛰었다. 그래도 어머니는 내게 소고기를 먹이려고 했고 나는 죽어도 고기를 먹을 수 없어 신경전을 벌였다. 그 무렵 우리는 살던 집을 남의 손에 넘기고 낡아 쓰러져가는 집에서 살고 있었는데, 굶지 않는 것도 다행이다 싶을 만큼 형편이 어려웠다. 그 집 마당 한켠에는 아직 펌프가 남아 있었고, 비만 오면 빗물이 흘러들어 똥물이 튀는 변소가 대문 옆에서 악취를 풍겼다. 나는 그 집에서 평생 형벌처럼 안고 살 악성 변비를 얻었다. 냄새나고 더러운 변소에 가기 싫어 참으로 미련하게도 배설의 욕구를 날마다 억눌렀던 것이다.

마지막까지 보는 세상

어느 날 그 험한 집으로 어머니가 내 친구들을 불러모았다. 혼자서는 고기를 먹지 않아도 친구들과 섞어놓으면 먹을지도 모른다고 생각했던 모양이다. 그날은 여름이었는데, 나를 포함한 네 명의 친구들이 밥상 앞에 앉아 어머니가 부엌에서 땀을 뻘뻘 흘리며 구워 날라주는 소고기를 먹고 있었다. 어서들 먹으라고 다정하게 권하며 부엌과 방을 오가던 어머니가 그토록 나를 살피고 있는 줄 몰랐던 나는 역시나 김치만 먹고 있었다. 그러던 어느 순간 부엌 쪽으로 난 방문이 벌컥 열리며 도무지 제정신으로 보이지 않는 어머니가 뛰어들어와 소리를 꽥꽥 질렀다.

"이 망할 년아! 당장 못 처먹어!"

최소한 나의 어머니는 그런 사람이 아니었다. 외할머니의 말에 의하면 어머니는 결혼할 때까지 단 한번도 야단칠 일이 없었던 착하고 얌전한 사람이었다. 그런 어머니가 흥분한 채 방으로 뛰어들어와 가슴팍이 오르내리도록 거친 숨을 쉬며 고기를 뒤집던 젓가락을 내 머리에 꽂을 기세로 쳐들고 욕을 퍼부은 것이다. 그때 어머니를 그 지경으로 만든 사람이 바로 나라는 자책은커녕 친구들 보기가 부끄러워 어머니를 빨랫더미 속에라도 감추고 싶었다.

그로부터 수십 년이 지난 지금도 내 친구들은 황당했던 그때 일을 기억하고 어머니가 아직도 나에게 뭘 먹이지 못해 노심초사하냐고 묻곤 한다. 그런 대화를 통해 지금에서야 나는 그때 어머니의 마음이 어땠을지 헤아린다. 그 낡아 쓰러져가는 집으로 이사가기 전부터 나의 어머니는 이미 중환자였다. 그 아픈 몸으로 어머니는 정신적 물질적 곤궁함의 나쁜 증세를 가장 먼저 보이는 나부터 챙기려고 했다. 그런데 내가 그러고 있었으니……. 먹는 것을 가지고 치졸해지는 자신의 마음 때문에 자존심까지 상해 얼마나 더 화가 치밀었을까.

  내가 아무거나 먹지 말아야겠다고 생각했던 것에 대한 기억은 아주 어린시절로 거슬러올라간다. 초등학교에도 들어가기 한참 전이었던 어느 일요일, 학교 운동장에서 여러 사람들이 철봉대에 검은 개를 매달아놓고 몽둥이로 때리는 것을 봤다. 개는 오래 비명을 지르지도 못하고 축 늘어졌지만 사람들은 그 개가 끝없이 되살아나는 악마라도 되는 것처럼 계속해서 때리고 있었다. 그때부터 나는 모든 고깃덩어리는 그렇게 잔인한 방법으로 얻은 것이라고 생각했다. 천지에 그 증거물이 널려 있었다. 잔칫날이 다가오면 사람들은 돼지우리에 있던 돼지의 발을 묶어 끌어내 마당 한켠에다 한동안 방치했다. 사람의 고막을 찢을 것처럼 비명을 질러대던 돼지가 지쳐 조용해질 때쯤 되면 남자들이 마치 제2차 고통을 돼지에게 선물로 주겠다는 듯 느긋하게 다가갔다. 그들은 발길로 돼지를 툭툭 건드리기도 하고 비계가 많겠다느니 적겠다느니 하며 농담도 했다. 돼지의 고통을 빨리 끝내줘야겠다는 생명에 대한 최소한의 배려도 없었으며, 마치 선행이라도 하는 듯

웃고 즐기며 그 행위를 계속했다. 인간의 손에 죽어가는 돼지의 비명은 왜 그토록 날카롭고 오래 계속되던지. 나는 그 충격을 감당할 수 있을 만큼 정신이 강하지 못했다. 내가 닭고기마저 못 먹게 된 데에도 이유가 있다.

어느 방학이었다. 우리 형제들은 외가에 놀러 갔다. 우리는 마루에 걸터앉아 외할머니가 마당에서 떡쌀을 씻는 것을 보고 있었다. 그때 방에서 자던 외삼촌이 부스스한 얼굴로 밖으로 나와 마당을 가로질러 모습을 감췄다가 잠시 후 엄청나게 큰 닭 한 마리를 손에 들고 나타났다. 칠면조만큼이나 큰 닭이 외삼촌의 손에서 빠져나가려고 요란하게 꼬꼬댁거렸다. 그런데 세상에! 외삼촌은 왜 꼭 어린 우리들이 보는 데서 닭을 잡아야 한다고 생각했던 것일까? 아직은 살려고 꼬꼬댁거리는 닭을 손에 든 채 외할머니와 집안일을 이야기하던 외삼촌이 닭의 목을 실꾸리에 감는 실처럼 한 방향으로 빙글빙글 돌리더니 쫘악 늘려 뽑았다. 그리고는 아무 일도 없었다는 듯 닭을 마당에다 던져버렸다. 세상에! 그런 아비규환이 없었다. 닭은 뽑힌 목을 늘어뜨린 채 죽지 않고 집안을 마구 뛰어다녔다. 마루 밑으로 들어갔다가 감나무에 가서 처박혔다가 마루에 앉아 있던 우리의 머리 위로 뛰어오를 기세로 날개를 퍼덕거리다 뒷마당으로 사라졌다. 외삼촌은 그것을 아는지 모르는지 마당에서 다른 일을 하다가 한참 후 어디선가 닭을 찾아 들고 다시 우리 앞에 나타났다. 그리고 몇 시간 뒤, 외삼촌은 닭을 잡는 것을 보고 기겁을 했던 우리들이 닭고기를 먹지 않는다고 야단을 쳤다. 먹고살기도 힘든 시절에는 잘 먹는 것이 자랑거리여서 그랬을까? 왜 그 시절 어른들은 감수성이 예민한 아이들이 그 모든 살육 과정을 보게 그냥 뒀던 것일까.

내 주변에는 보신탕을 좋아하는 사람들이 몇 있다. 그런데 그들은 꼭 보신탕을 먹고 싶고, 나는 절대로 먹고 싶지 않을 뿐더러 보신탕을 파는 식당에도 같이 가고 싶지 않을 때면 눈에 보이지 않는 신경전이 벌어진다. 꼭 보신탕을 먹어야 할 사람은 내가 없어도 가서 먹을 수 있기 때문에 대부분 우리들은 각각 헤어져서 식사를 마친 후에 다시 만나 차를 마시거나 그들이 보신탕을 먹는 동안 나는 카페 같은 데서 기다리곤 한다. 뭔가가 거북한 것은 늘 내 쪽인 것 같은데 그걸 먹고 온 사람의 마음도 거북한 건 마찬가지인 것 같다. 그들은 떨떠름한 얼굴로 나타나서 배추도 죽을 때 고통을 느끼는데 배추는 어떻게 먹느냐며 나를 슬슬 건드린다. 그 말이 맞는 것 같아서 나는 적잖게 공격적인 그 말에 얼른 대꾸하지 못한다. 그러나 곧 내 머릿속에서는 이런저런 뾰족한 대답이 고개를 내민다. 심지어는 이런 생각까지 든다.

'당신은 왜 손톱과 머리를 자를 때는 아프다고 비명을 지르지 않죠? 손톱과 머리카락도 피부라 엄청 아플 텐데요.'

하지만 나는 끝내 그 말을 하지 못한다. 무엇에건 제때 대응하지 못한 채 나는 인생의 많은 부분을 허비해왔다.

소중한 것들은 무겁다

나는 성인이 되도록 아버지에 대한 연민의 마음을 갖지 못했다. 아버지로 상징되며 우리들의 정신을 억눌렀던 수많은 권력을 상징적으로 말하고 있는 것이 아니다. 나를 이 땅에 있게 해준 나의 아버지를 일컫고 있을 뿐이다. 그와는 달리 어머니에게로 향하는 연민은 영혼이 짓눌릴 만큼 무거웠다. 그 불균형이야말로 무서운 것이었고 두 쪽 모두 성장기의 나에겐 좋은 영향을 미치지 못했다.

아버지에 대한 생각을 바꿔놓을 만한 특별한 일이 있었던 것도 아닌데, 나는 요즘 아버지가 맑은 눈으로, 다시 말해 이성적으로, 또는 객관적으로 보인다. 문득 아주 오래된 일 하나가 떠오른다. 다른 사람들에게는 너무도 사소해서 사건이라고 할 수도 없을 테

아버지―회전하는 시간

지만, 내게는 영혼을 다른 사람 손에 막대사탕처럼 쥐어준 듯 가슴 아팠던 그 일이.

젖도 못 뗀 그 강아지가 우리 집에 온 것은 내가 초등학교 3학년 때였다. 녀석을 보고 좋아하는 내게 어머니가 말했다.

"어미개가 죽었단다."

엄마가 없다는 사실만으로 세상에서 제일 불쌍하게 여겨지는 강아지를 품에 안으며 내가 말했다.

"네 이름은 마루야."

마루는 무럭무럭 자랐고, 짧고 누런 털의 평범함도 멋있어보일 만큼 내겐 나날이 특별해졌다. 그야말로 마루는 나의 개였다. 아프면 데리고 동물병원으로 가는 사람도, 억지로 입을 벌려 하얀 가루약을 털어 넣어주는 사람도 나였다. 마루는 등교 때마다 나와 함께 교문까지 갔고, 하교 때가 되면 교문 앞에 와서 나를 기다렸다. 그러던 어느 날이었다. 종례가 끝나자마자 한달음에 교문으로 달려나갔는데 늘 와서 기다리고 있던 마루가 눈에 띄지 않았다. 곧 어딘가에서 뛰어나올 것만 같은 마루를 찾아 부지런히 고개를 돌리며 집을 향해 걸어갈 때 저만치에서 어린 여동생이 단발머리를 휘날리며 달려오는 것이 보였다. 자세히 보니 그 아이는 나를 향해 뭐라뭐라 하며 울고 있었다. 가슴이 철렁했다. 지레 겁을 먹었기 때문인지 그 아이가 하는 말이 한마디도 귀에 들리지 않았다. 마침내 동생이 내 앞에 와서 섰다.

"언니, 아버지 친구들이 우리 마루 잡아먹었어."

나는 그대로 대로에 털썩 주저앉았다. 마루가 처참하게 죽었다는 절망감과 마루를 지켜주지 못했다는 죄책감으로 나도 곧 죽을 것만 같았다. 마루는 숨이 넘어가는 마지막 순간까지 다른 누구도 아닌 나를 찾았을 것이다. 그 고통스런 생각만으로도 나는 죽어야 마땅했다. 그런데도 나는 죽지 않았고, 고통에 겨운 내 몸은 길에 드러누워 팽이처럼 뱅글뱅글 돌았다. 겁을 먹은 동생이 집으로 달려갔고, 집에 있던 사람들과 어머니의 전화를 받은 아버지까지 그곳으로 달려왔다. 마루가 그 지경이 되도록 보고만 있었던 자들, 피도 눈물도 없는 자들이 나를 둘러쌌다. 겨우 정신을 차렸을 때 나를 위로해주려 했던 사람들은 마루가 그 지경이 되도록 보고만 있었거나 보고만 있었을지도 모를 비정한 자들이었다.

그후 오랫동안 나는 내 입으로 아버지를 부르지 않았다. 아버지의 뒷모습만 멀거니 바라봤을 뿐 눈도 마주치지 않았다. 정말이지 아버지에게는 변명의 기회조차 주고 싶지 않았다. 아버지가 내게 주지 않았던 위안과 평화를 가장 참혹한 방법으로 잃어버렸던 나는 그처럼 독하게 아버지와 단절의 울타리를 쌓아갔다. 만약 아버지가 한술 더 떠서 친구들과 같이 마루의 살점을 뜯어먹기라도 했다면, 맹세코 나는 그 길로 짐을 싸서 다리 밑에 가서 살았을망정 아버지와는 같은 집에서 살지 않았다.

그 일로부터 33년이 지난 작년 가을, 아버지가 내게 뭔가 마뜩잖은 표현을 했을 때였다. 이미 우리 삶의 반경 어딘가에 폭탄처럼 떨어져 있었으나 불발탄으로 남아 있던 나의 분노가 엄청난 폭발음을 내며 터져버렸다. 나는 맥락도 없이 원망스런 목소리로 소리쳤다.

"어떻게 자식이 그토록 좋아하던 개를 잡아먹을 수가 있었어요! 어떻게……."

아버지는 너무도 무신경해서 그때 일을 기억하지 못할 줄 알았는데, 아니었다. 그때 일을 되새기는 아버지의 얼굴에는 오래 묵은 감정이 만든 묘한 표정이 한동안 머물렀다.

"그때는 다들 개를 그렇게 길렀다. 네가 그렇게까지 될 줄 몰랐지. 일은 이미 벌어졌는데, 숨도 못 쉬고 뒤로 넘어가는 너를 보고 어찌나 놀랐던지……."

지금 나는 잡종개 한 마리를 기르고 있다. 본의 아니게, 어쩌다 보니, 할 수 없이, 기르게 되었다. 가장 값이 잘 나갈 때 그 녀석은 내가 세들어 살던 집에 만원에 팔려왔다. 비록 인간들이 정한 가치가 그 정도밖에 안되고 병력病歷이 화려할망정 녀석은 비교적 괜찮은 잡견이다. 그럼에도 불구하고 녀석은 약자에게 강하고 강자에게 약한 것이 영락없이 못된 인간의 품성을 닮았다. 다른 사람은 몰라도 지팡이를 짚고 뻑뻑한 골절을 로봇처럼 힘들게 움직이며 걷는 어머니에게만은 좀 따뜻하게 굴며 꼬리라도 쳐줬으면

예기치 않은 곳에서 깨어나다

좋겠는데, 이놈의 막돼먹은 개는 8년째 제 녀석을 봐주고 있는 어머니가 잘 사귀어보자고 다정하게 이름이라도 부르면 으르렁거리며 정나미가 뚝 떨어지게 한다. 녀석이 보기에 어머니는 가장 약자인 것이다. 그래도 우리 가족들은 휴가 때마다 녀석을 데리고 가고, 며칠 묵어야 하면 개를 어떻게 해야 할지 의논한다. 콘도 같은 데는 여간해선 엄두도 못 내고 기껏해야 민박을 하거나 친척집 신세를 져야 하지만 개를 떼놓고 가야 하는 곳으로 여행 일정을 잡지는 않는다.

한번은 농사를 짓는 외갓집을 베이스 캠프 삼아 휴가를 간 적이 있었다. 큰외삼촌과 작은외삼촌은 걸어서 20분 거리에 떨어져 살고 있는데, 농가라고는 하지만 집안에는 파리 한 마리 눈에 띄지 않았다. 외숙모들이 깔끔한 것은 옛날부터 보고 들어서 잘 알고 있던 터라 나는 마당에서 개와 함께 지낼 생각으로 텐트를 가져 갔지만 뜻대로 되지 않았다. 시골 인심은 어쩌다 한번 찾아온 친척을 마당에서 자도록 두지도 않았을 뿐더러, 주인만 이해해준다면 개와 함께 아늑한 방에서 자고 싶은 욕심이 내게도 슬슬 생겼던 것이다. 내 마음을 즉각 알아차린 눈치 빠른 나의 개는 드디어 당당하게 집 안으로 들어가 한자리 잡고 앉았다. 그 순간부터 외할머니가 외숙모의 눈치를 살피기 시작했다. 그러자 우리 가족들도 약속이나 한 듯 슬금슬금 눈치를 보기 시작했고, 어색한 침묵을 깨고 외할머니가 지나치게 외숙모를 의식한 말투로 내게 물었다.

"이런 화초개는 값이 비싸지?"

어느 해 여름에는 3박 4일로 서해안으로 휴가를 간 적이 있었다. 그때는 민박을 했는데 우리는 개를 데리고 간 사죄의 마음으로 민박집 가족들의 밥도 같이 하기로 했다. 그들은 농사를 지으면서 민박집을 운영하고 있어서 밥을 해먹는 일만 덜어도 훨씬 노동이 줄어들 것 같았기에 자진해서 그들의 식사를 책임지겠다고 말한 남동생들이 기특할 정도였다. 그들은 우리가 고마웠을지 몰라도 우리들은 개가 방 하나를 독차지하고 있는 것을 모른 척 해주는 그들이 고마울 따름이었다. 그렇게 하루가 지났을 때였다. 민박집 주인이 우리에게 자신들이 기르는 개를 잡아먹고 가라고 적극적으로 권하기 시작했다. 그는 남자들이 밥을 하는 이상한 놈의 집구석을 이해할 수 없다는 강한 뉘앙스를 풍기며 개를 한 마리 잡으면 있는 동안 굳이 다른 반찬을 만들 필요도 없이 밥만 하면 되니 동생들의 노동이 훨씬 줄어들 거라고 인심쓰듯 말했다. 그때부터 온 가족이 지나치다 싶을 만큼 상냥하게 굴며 잘 만들어가던 분위기가 조금씩 이상해지기 시작했다. 우리들은 그가 그토록 권하는 개를 잡아먹을 수 없었기 때문에 그곳에 머무는 시간이 점점 힘들어졌다. 옛날의 아버지 같았으면 그런 상황을 만드는 나를 절대로 그냥 두고 보지 않았을 것이다.

아버지에 대한 마음이 바뀐 것은 어이없게도 현실 속에서 어떤 계기가 있었던 것이 아니라 내가 꾼 꿈 때문이었다. 어느 날 꿈속에서 아버지가 갑자기 세상을 떠났다. 너무도 생생한 꿈이었다. 나는 정신나간 사람처럼 울며 중얼거렸다.

"한번도 아버지를 이해해주지 않았는데……. 이제 다시는 기회가 오지 않겠구나."

울다 잠에서 깨어나 그것이 꿈이라는 것을 알고는 얼마나 안심했는지 모른다. 그때 나는 어둠 속에 앉아 내 기억 속에 있는 수많은 아버지의 모습을 기억해냈다. 아버지의 칠순 때도 생각났다. 아버지는 그날 집에 없었다. 오래 전부터 그날에 대한 계획을 세우며 은근히 스트레스를 받았던 우리들은 아버지의 그림자도 보지 못했다. 아버지에게 해외 여행을 보내드리려던 계획도 무산되었다. 아버지가 그날의 행사와 관계된 모든 것을 거부하고 어머니만 데리고 집을 훌쩍 떠났기 때문이다.

어렸을 때부터 우리 형제들은 적의를 담아 말하곤 했다.

"우리 아버지는 벌써 제주도에 열 번은 다녀오셨을 거야."

그 시절 아버지의 발길이 닿은 곳이 어디 제주도뿐이었겠는가. 지금도 수저를 놓자마자 어딘가를 다니다가 어두워서야 겨우 집으로 돌아오는 아버지인데.

"너희 사촌 부부가 집안 잔치 때문에 이혼했다더라."

칠순 얼마 전 아버지가 의미심장하게 말했다. 아버지는 일하기

중심을 벗어나는 고통

싫어하는 우리들의 게으른 속성과 집안이 북적거리는 것을 무서워하는 이기심을 꿰뚫고 있었다. 언제부턴가 집안의 평화를 위해 지나치게 인내하는 아버지를 보는 것이 낯설고 조심스럽다. 원래 아버지는 그런 사람이 아니었다. 언제 어디서나 자신이 '통 크고 선한 사람'이라는 말을 끼니보다 자주 섭취해야 살아갈 수 있는 사람이었다. 타인에게 둘러싸여 집안일이나 가족의 고통쯤은 가볍게 잊어버릴 수 있는 사람이 바로 나의 아버지였다. 우리는 아버지가 이룬 가족관계 속에서 가정이 얼마나 극도의 인내심을 필요로 하는 공간인지 날마다 깨달았다. 그런 아버지 밑에서 청소년기를 보낸 자식들이 약속이나 한 듯이 결혼 적령기를 놓치는 것을 보면서, 이성의 전화라곤 한 통도 받지 못하는 자식들에게 펄펄 뛰며 결혼을 강요하면서, 아버지의 마음도 좋지만은 않았을 것이다.

일찍부터 우리들에게 예고했던 대로 아버지는 칠순 전날 새벽 훌쩍 떠나버렸다. 지팡이가 없으면 한 발짝도 걷지 못하는 병든 어머니만을 데리고. 그분들이 어디에 가 있는지, 칠순은 큰 생일인데 든든히 드시기나 했는지, 왠지 자식들에게 내몰린 것처럼 스멀스멀 노여움이 치받치는 것은 아닌지, 우리가 집에서 할 수 있는 일은 걱정뿐이었다.

우리 집 형편이 많이 기울자 그 많던 아버지 친구들의 우리 집 출입이 뜸해지더니 어느 순간 발길이 뚝 끊겨버렸다. 아버지는 우리들이 굶는 것보다 친구들을 잃어버린 것을 더 가슴 아파했다. 어느 날 아버지가 힘든 일이 있을 때마다 달려가서 도움을 줬던 친구들에게 섭섭해하자 똑똑한 나의 언니는 그들이 돌려줄 수 없을 만큼 아버지가 베풀었기 때문에 우리가 힘들 때 그들이 얼굴을 보일 수 없는 거라고 말했다. 순진한 이상주의자였던 나의 아버지는 그렇게 뒤늦게 냉혹한 세상의 이치를 깨달았다.

이런저런 이유로 아등바등 살아야겠다고 결의를 다지는 대신 세상사에 시큰둥해져버린 우리 형제들은 아버지가 칠순에 집을 떠나버린 그날의 상황도 확대해서 받아들이지 않으려 애썼다. 결코 어버이를 대하는 태도나 삶의 면면을 바꾸지도 않을 고집스런 우리들은 저마다의 성역에서 오래 묵은 감정까지 뒤적거리며 다아문 상처에 흠집만 냈을 뿐이다.

처음 사회생활을 시작했을 때 나는 주변 사람들의 경조사를 챙기며 당황했던 적이 종종 있었다. 지금은 경제권이 우리 아버지 세대에서 우리들 세대로 옮겨져 그런 일이 거의 없지만, 아버지 세대가 경제권을 갖고 있을 때만 해도 집안 잔치에는 어디를 가건 왕복 차비에다 덤까지 얹어 받아오곤 했다. 잔치 때마다 돈봉투를 들고 주인과 손님이 밀고 당기는 모습을 보는 것에 익숙하던 나는 그것이 우리 집안의 유별난 풍토라는 것을 아는 데 오랜 시간이 걸렸다. 그래서 누군가의 경조사에 갈 때 '돌아올 차비는 그 집에서 줄 테니까' 하는 마음으로 지갑을 탁탁 털어 예의를 표했다가 난감했던 적이 한두 번이 아니었다. 그리고 왜 사람들이 손님에게 차비를 주는 예의를 그토록 쉽게 잊어버리는지 이해하지 못했다. 어쩌면 아버지는 요즘 같은 잔치 풍토를 혐오하고 있었는지도 모르겠다. 칠순이기 때문에 이루어지는 수많은 형식적인 만남과 인사를 참아낼 자신이 없었는지도 모르겠다.

그런 적이 없었는데, 요즘 와서야 나는 아버지를 이해하려는 노력을 조금씩 하고 있다. 그 노력 중 하나가 기억에 남는 일이 있었던 과거의 그때 아버지의 나이가 몇 살인지를 계산해보는 거다. 그러면 내가 완전한 인간상을 요구하며 아버지를 바라봤던 바로 그때 아버지가 겨우 삼십대였다는 사실에, 때로는 고작 사십대였다는 사실에, 깜짝깜짝 놀라게 된다. 그때의 아버지를 내가 알고 지내는 남자들의 나이와 비교하면 더 놀랍다. 그들에 비하면 아버지는 그야말로 점잖은 어른이었던 것이다!

가까이 살던 고모부도 아버지를 왜곡시키는 데 한몫했다. 우리와 같은 소도시에서 살던 막내고모는 수만 놓으며 우아하게 지내다 고모부를 만나 결혼했다. 고모부는 훤칠한 키에 수려한 외모를 가진 분인데, 성품까지 온화하고 다정다감하다. 의식이 탁 트인 고모부는 처가도 본가와 똑같이 드나들며 자식된 도리를 다했으며, 자녀들의 교육에 관심이 지대하면서도 그 관심이 아이들에게 부담이 되지 않도록 감정을 조절할 줄도 알았다. 우리 형제들은 하나같이 고모부를 아버지로 둔 고종사촌들을 부러워하며 청

치유

소년 시절을 보냈다. 그토록 멋있는 고모부가 가까이에 있다는 사실이 우리들에겐 불행이었는지도 모른다. 늘 우리들 마음속에서 아버지는 고모부와 비교되었고, 아버지는 공부 잘하고 말썽 없이 잘 자라는 고종사촌들과 우리들을 내놓고 비교했다.

"숙이는 과외 한번 안하고도 전국 순위고사에서 6등을 했다더라!"

아버지는 몰랐을 것이다. 그런 말이 무능한 우리들의 명치에 무엇으로 박혔을지.

해마다 겨울이면 우리들이 스케이트를 타러 가던 곳에 예고도 없이 아버지가 모습을 나타낸 적이 있었다. 내 나이가 열셋 아니면 열넷이었으니, 아버지의 나이는 마흔이나 마흔한 살쯤 되었을 때다. 지금의 내 남동생보다도 한두 살 어린 젊디젊은 아버지가 처음이자 마지막으로 우리들이 놀고 있는 곳에 모습을 나타낸 것이다! 틀림없이 아버지는 큰마음 먹고 우리들이 노는 모습을 보러 왔을 테지만, 안타깝게도 그 기습방문은 그다지 성공적이지 못했다. 우리들 사이에서 스케이트를 타던 아버지는 왠지 어색했고, '너희들이 어떻게 노는지 걱정이 돼서 한번 보려고 왔다'는 속마음을 내비치지 않으려 안간힘을 쓰는 것도 같았다. 아버지는 전에도 스케이트를 타본 적이 있었던지 유연하게 얼음을 지치고 다녔지만 얼마 지나지 않아 권태로운 얼굴로 스케이트를 벗어던졌다. 그 다음은 늘 집에서 보던 아버지의 모습으로 되돌아갔다.

그것도 잠깐. 아버지는 우리들에게 냄비우동과 어묵을 사주고는 혼자 바람처럼 사라져버렸다. 무슨 증거라도 남기려는 듯 사진사를 불러 사진까지 찍으며 큰마음 먹고 행한 그 일을 통해서도 아버지는 자신의 이미지를 쇄신하지 못했다.

나의 본가는 노원구와 작은 개천을 사이에 둔 중랑구에 있다. 어느 날 엉뚱한 생각을 하다가 제때 버스에서 내리지 못한 나는 집으로 가기 위해 걸어서 다리를 건너고 있었다. 4차선 다리 양편으로는 두 사람이 지나다니기에도 빠듯한 인도가 있는데, 내가 다리를 막 건너고 있을 때 맞은편에서 내 쪽 방향으로 다리를 건너오는 아버지가 보였다. 아버지는 자신보다 한참은 젊어보이는 여성과 함께 있었고, 나의 아버지라고는 믿어지지 않을 정도로 행복해보였다. 시력이 1.5나 되는 아버지는, 시선을 늘 집 밖으로만 두고 살아온 아버지는, 몸이 거의 맞닿을 정도로 스치면서도 나를 알아보지 못했다. 아버지의 신경은 오직 옆에 있는 젊은 여성에게만 쏠려 있었다. 막 첫사랑을 깨달은 소년처럼 볼이 발그레한 아버지가 옆사람에게 너무도 집중되어 딸도 알아보지 못한 채 멀어지는 모습을 멍하니 바라보던 나는 곧바로 어머니에게 그 사실을 일러바쳤고, 그에 합당한 압박을 주도록 종용했다.

이제 와서야 아버지의 삶에 그 같은 순간이 그다지 많지 않았다는 생각에 가슴이 아파온다. 왜 그를 한 인간으로 크게 보지 못하고 아버지라는 자리에 앉혀놓고 인습이라는 끈으로 친친 동여매야만 직성이 풀렸을까, 후회가 된다.

얼마 전 본가에서는 오디오를 새로 구입했다. 어려운 집안 사정을 잘 알고 있던 터라 내가 사드렸는데, 곧바로 아버지는 나의 은행 구좌로 그 잘난 미니 컴포넌트의 값을 송금했다. 아무튼 새로 산 오디오 덕분에 오랜만에 아버지의 노래를 들었다. 우리들이 어렸을 때는 수많은 친구들에 둘러싸여 행복해하던 아버지의 노래를 자주 들을 수 있었는데……. 그동안 노래를 부를 기회가 거의 없었던 아버지의 노래 실력은 형편없이 줄어들어 있었다. 높은 음에서 고개를 뒤로 젖히며 자신의 감정을 이입해 구성지게 노래를 불렀던 그 옛날의 아버지는 오간 데 없고, 고개를 뒤로 젖혀야 하는 순간에 아버지는 자신의 노래를 듣고 있는 자식들의 눈치를 살폈다. 크리스마스나 명절 때면 우리들보다 더 들떠 성가실 정도로 우리들의 방문을 열었던 아버지, 남의 불행이나 아픔에 지나치게 민감해 가족들의 미움을 샀던 대책 없이 낭만적인 나의 아버지가 말이다. 이제는 정말로 그 옛날 아버지의 풍부했던 감성을 되찾아주고 싶은데, 방법이 생각나지 않는다.

쓸개를 훑는 시간

산책 중에 두 여자가 다정히 손을 잡고 걸어가는 모습이 눈에 들어왔다. 어쩌면 평생 무관심할 수도 있었을 풍경이지만 이젠 아니다. 나는 아무리 많은 사람들 속에서도 쉽게 그들을 구분해 낸다.

나는 그들에게서 시선을 거두기 위해 사우디 대사관이 있는 쪽으로 길을 꺾었다. 그런데 그 맞은편에 있는 체코 대사관 앞을 지나자마자 또 그들이 눈에 들어왔다. 앞서 가던 그들도 나처럼 가던 길을 오른쪽으로 한 번 꺾은 것이다. 두 사람의 걸음이 너무 느려 무한정 그런 시선으로 뒤따라가고 싶지 않았다. 지나치면서 들으니 그들의 대화가 사랑하는 이성끼리의 그것과 조금도 다르지 않았다.

그림자를 딛다 1

이십대에 나는 동성으로부터 무려 두 번이나 유혹받은 적이 있다. 그들은 나보다 나이가 훨씬 많았는데, 한 사람은 남편과 살고 있었고 다른 한 사람은 이혼녀였다.

비교적 무난하게 지내던 어느 시점부터 그들은 내게 뭔가가 은밀했고, 또한 불편하고 혼란스러웠다. 그들 중 하나가 꼭 부탁할 것이 있다며 강남에 있던 그녀의 아파트로 나를 초대했을 때까지도 나는 자신이 어떤 마음으로 그 집을 나오게 될지 상상도 못했다. 그날 그녀는, 훌륭한 아버지를 둔 덕분에 경제적 정신적으로 안정된 나의 가장 친한 친구와 나를 끝없이 비교하며 내 친구가 가지고 있는 화려한 인생의 일부를 자신이 내게 줄 수도 있노라고 암시했다. 그 암시가 무엇인지 제대로 깨달았을 때 내가 느낀 것은 엄청난 불쾌감이었다. 그 일 이후 나는 자신에게 뭔가 문제가 있는 것은 아닐까 하는 불안감으로 늘 마음 한구석이 무거웠다.

두번째 사람은 더 적극적이었다. 이성으로부터도 그토록 끈적거리는 눈빛을 받아본 적 없던 나를 뒤쫓아 그녀는 화장실까지 달려왔다. 그 무렵 나는 동성애에 관한 책을 몇 권 읽었던 터라 그들을 대하는 가장 지혜로운 방법인 철저히 모른 척하기로 일관했는데 그럴수록 상대는 더 적극적이 되었다. 그녀를 피해 간 화장실에서 나는 완전히 방어력을 잃고 말았다. 마침 그때 뭔가가 이상하다고 느껴 우리를 눈여겨봤던 나의 친구가 화장실로 뒤따

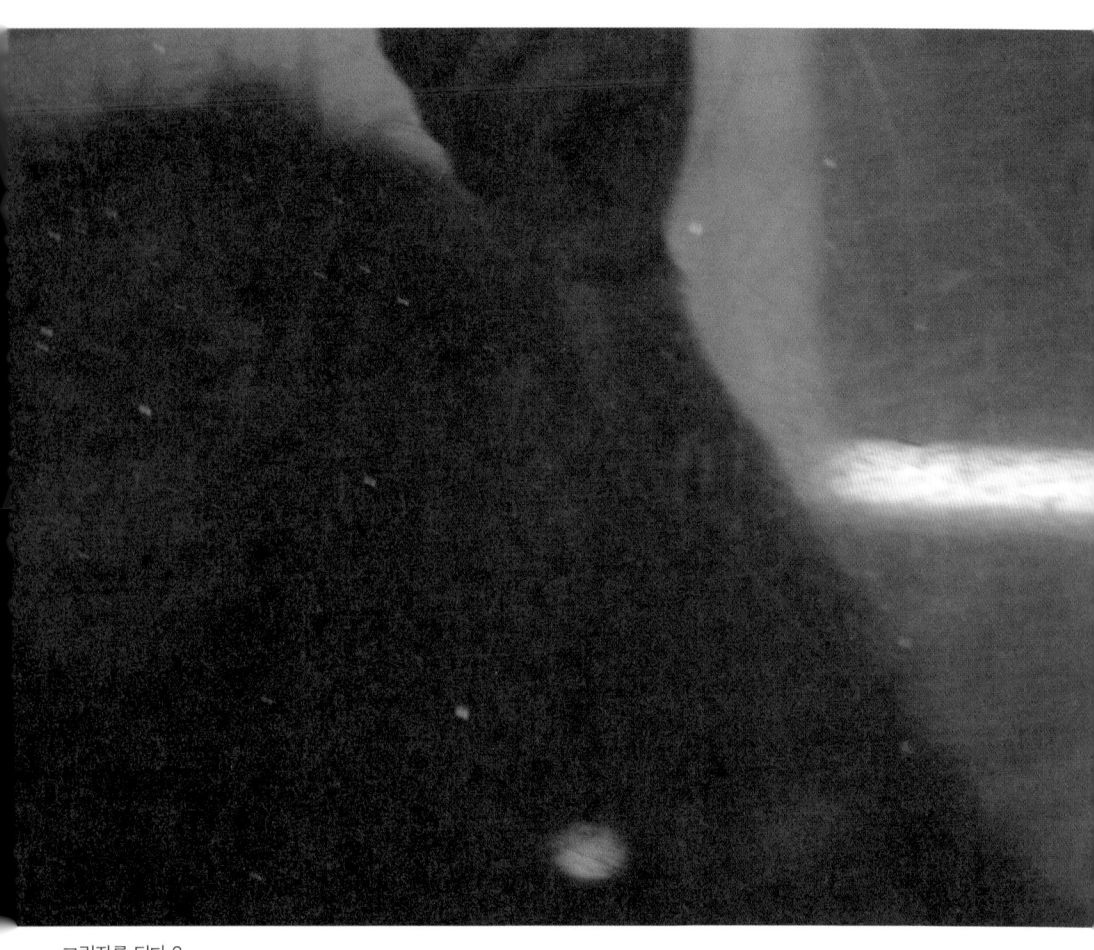

그림자를 딛다 2

라와 간신히 그 상황을 벗어날 수 있었다. 연거푸 그런 일이 생기자 나 자신에 대한 혼란이 더 커졌다. 내가 모르는 무엇인가를 그들이 알아챈 것은 아닐까 하는 식의 불안이 비탈길의 눈덩이처럼 불어나기 시작했던 것이다. 한참 고민하던 나는 나의 언니에게 그 일을 털어놓았다. 역시 나처럼 이십대였던 언니의 말은 명쾌했다.

"그 사람들에겐 절대로 비밀이 새나가지 않을 사람이 필요했을 거야. 너라면 딱 맞잖아."

정신 건강을 위해서 나는 언니의 말을 그대로 믿었고, 그후에는 그런 일이 다시 생기지 않았다. 그렇지만 나는 동성애를 다룬 소설이나 영화를 볼 때면 짧은 인연이었지만 강렬했던 그녀들을 떠올리곤 한다. 그렇다고 내가 동성애자나 양성애자에게 지나치게 보수적인 시각을 가지고 있는 것은 아니다. 어쨌거나 우리 사회에서 소수로 통하는 그들이 내게 연정을 표현하지만 않는다면 어디서 어떤 모습으로 살아가건 그들도 내겐 똑같은 인간인 것이다.

뚝 떨어져 걸어도 귓전에 들리는 그들의 웃음소리 때문에 나는 또 역사박물관 쪽으로 길을 꺾었다. 밤이 꽤 늦었지만 역사박물관 앞에서는 대여섯 살쯤 되어보이는 여자아이 혼자 앙감질을 하고 있었다. 사방을 둘러보니 한참 떨어진 곳에 아이의 보호자로 보이는 젊은 여성이 넋을 놓고 앉았다. 그녀의 손에는 플립이 열린 휴대전화가 들렸고 옆에 놓인 가방도 그녀의 입도 맥없이 벌어져 있었다.

    나는 요즘 흙탕물처럼 임시방편적으로 가라앉혀놓은 생각들을 하나하나 들춰내서 쓸개처럼 핥고 있다. 요 며칠 나를 집 밖으로 끌고 나오는 생각은 '비중'이라는 것이다. 물론 마음의 비중이다. 언젠가 내겐 '비중'에 관한 구체적인 생각을 유도한 친구가 있었다. 그 친구는 그 무렵 내게 소소한 약속을 연달아 몇 번 어겼다. 그때마다 나는 조금 황당했고, 조금 섭섭했다. 무엇보다도 그런 약속이나 하고 있는 나 자신이 한심했다. 그러다 어느 순간 마음이 차분해지면서 그런 마음을 말끔히 씻어내버렸다. 마음의 비중이라는 생각 끝에 다다른 작은 결론이었다. 삶과 죽음의 비중이 다르듯이, 혹은 그만큼 상반되지는 않더라도 어떤 대상이 다른 대상의 마음속에 들어가 자리잡는 비중은 저마다 다른 것이다. 그것을 부정하거나 다른 말을 강요하면 사람들로부터 거짓된 소리를 듣게 될 뿐이다. 그렇게 생각하며 나는 정신의 매듭을 하나 푼 것 같았는데, 그때의 내 마음을 섣불리 속단했던 것 같다. 조용히 지내는 시간 속에서 그때 일이 다시 떠오르며 그때와 똑같은 감정의 동요를 일으켰으니…….

    그 약속을 지키기 위해 나는 어머니가 입원 중인 병원에 갔다가 서둘러 돌아와야만 했다. 그날따라 어머니는 더 외롭고 불행해보였다. 자신이 그토록 권태롭고 무의미하게 살기 위해 혼수상

욱신거리는 양심

태에서 깨어났을까 하고 회의하는 것도 같았다. 병원에 누워서도 걱정거리가 태산인 나의 어머니가 "오늘은 좀 오래 있다가 가라" 했을 때 늘 해야 할 일이나 약속이 있는 상태로 어머니를 찾아가는 나의 양심이 욱신거렸다. 어머니도 뭔가를 느꼈던 걸까. 내가 아직 병실에 있는데 휠체어를 타고 로비에 내려가 비가 오는 바깥 풍경을 쓸쓸히 내다보고 있었다. 나는 어머니의 휠체어를 밀어 병실에 데려다주고 편히 눕는 것을 보고 돌아왔어야 했다. 그런데 지켜지지도 않을 그 약속 때문에 그렇게 하지 못했다.

어머니를 병원 로비에 혼자 두고 돌아오는 차 안에서 오래된 일 하나가 떠올라 피식피식 웃다보니 꾸깃꾸깃하던 기분이 조금씩 펴지는 것도 같았다.

나의 바로 위 언니가 초등학교에 입학할 즈음 어깨너머로 한글을 깨우친 나는 언니와 같이 책을 읽곤 했다. 그 무렵의 어느 날, 어머니는 눈이 많이 내린 날 장을 보러 가다가 미끄러져 팔이 부러졌는데, 몸이 불편했기 때문인지 화를 많이 냈고 회초리도 자주 들었다. 그때 우리 남매는 누가 어머니에게 맞기라도 하면 동그랗게 원을 만들어 매맞는 아이를 그 속에다 숨겨주며 어머니의 매질을 저지하곤 했다. 그래도 어머니는 다섯 아이들의 다리 사이로 회초리를 집어넣어 그 속에 든 아이에게 악착같이 매질을 하곤 했는데, 그런 일이 잦다보니 처음엔 매를 겁내기만 하던 나는 점점 담대해졌다. 그래서 어머니에게 맞은 날이면 책상을 밟고 올라가 아무도 보지 못할 높다란 곳에 작은 글씨로 조악하게 어머니의 온갖 흉을 써놓는 것으로 일종의 분풀이를 했다. '나의 엄마는 계모다. 진짜 우리 엄마를 잡아먹었다. 귀신이다. 엄마가 무섭다. 엄마는 꼭 벌받는다.' 등등.

육식을 즐기는 아버지와 달리 늘 푸성귀 위주로 식사를 하던 어머니가 먹는 음식의 부피를 눈여겨봤던 나는 이렇게도 썼다.

'엄마는 꿀돼지다.'

어느 날 어머니의 친구가 우리 집에 놀러 왔다. 안방에는 아버지가 있어 두 사람은 내 방으로 들어와 이야기를 했다. 이야기 중에 어머니의 시선이 위로 들리는가 싶더니 들어본 적 없이 가쁜 웃음을 쏟아내기 시작했다. 어머니의 친구가 의아해하는 얼굴로 따라 웃으며 왜 그러냐고 물었다. 어머니는 대답도 하지 못하고 한 손으로 배를 움켜잡은 채 다른 손으로 어딘가를 가리켰다. 그곳에는 내가 어머니를 악마로 몰아붙인 조잡한 욕설이 빼곡이 적혀 있었다. 간신히 숨을 고른 어머니는 웃느라 지쳐 목소리가 자그마했고, 그나마 힘들었던지 말이 드문드문 끊겼다.

"뭐 이런…… 엉뚱한 애가…… 다 있담."

예전엔 그토록 여유 있고 젊었던 어머니가 이제는 늙고 병들어 아무런 위안도 못되는 자식들을 기다리며 지쳐가고 있다. 며칠 전 만났을 때 어머니에게 내가 물었다.

"엄마, 나 키우는 거 힘들었지?"

잠깐 생각에 잠겨 있던 어머니가 말했다.

"힘들었지. '왜 나를 낳았어?' 하며 늘 우거지상을 하고 있는 자식을 보는 어미 마음이 좋았을 것 같냐?"

"……."

"너무도 힘들고 화가 날 땐 너 같은 자식을 꼭 하나만 낳아 길러봐라, 했다."

나는 다시 욱신거리는 양심을 쓰디쓴 쓸개처럼 핥으며 비중이라는 것을 생각한다. 내 속에 있는 어머니와 어머니 속에 있는 내 존재의 비중조차 가늠할 수 없을 만큼 다른 것이다. 나는 최소한 다른 사람들에게 거짓된 말이나 행동을 유도하진 않았다. 그것으로 만족하자.

꽃망울이 기포처럼 끓다 1

꽃망울이 기포처럼 끓다 2

일찍 피는 꽃들

일찍 맺힌 산당화 꽃망울을 보다가
신호등을 놓친다
해마다 이맘때면 나는 영화의원 앞
신호등을 제때 건너지 못한다
꽃망울을 터뜨리는
그 나무를 보고 있으면
어떤 기운에 취해
돌아갈 수 없는 곳까지 와버린 듯하다
언젠가는 찾아 헤맬 수많은 길들이
등뒤에서 사라진 듯하다
서슴없이 등져버린 것들이

기억 속에서 앓고 있는 곳

꽃망울이 기포처럼 어린 나를 끓게 하던 곳

그곳으로 돌아갈 수 있는 길이

그 꽃나무 어딘가에 있는 듯

나는 신호등을 놓치며

자꾸 뒤를 돌아본다

아주 옛날 우리 집은 잠깐 동안 강원도에서 살았고, 나는 초등학교 1학년을 그곳에서 다녔다. 내가 학교를 오가는 길은 두 갈래였다. 산비탈 아래로 철길이 나타났다 사라졌다 하는 산길을 따라 걷는 에움길과 넓은 신작로. 나는 언제나 상점들이 없는 산길을 걸어 학교를 오갔다. 태어나서 처음으로 책가방을 메고 학교를 다녔던 그해 봄을 나는 생생히 기억한다.

그때 이미 나는 어둡고 불만이 많은 아이였다. 나는 매일 울며 느릿느릿 걸어가느라 하루도 학교에 지각하지 않는 날이 없었다. 어떤 날은 산길에 주저앉아 울다가 언덕에 서서 내려다보면 조회를 끝낸 아이들이 줄을 서서 교실로 들어가는 것이 보였고, 어떤 날은 수업이 시작되어 교사 밖에는 사람의 그림자도 보이지 않았다. 울어서 퉁퉁 부은 얼굴로 교실 문을 열 때마다 측은지심으로 나를 달래주던 선생님이 어느 날 더는 못 봐주겠다는 얼굴로 짜증을 냈다.

"넌 왜 매일 징징 울면서 학교에 오니?"

그처럼 슬픈 이유를 선생님께 설명할 방법이 없어 나는 더 서럽게 울었고, 선생님은 그렇게라도 달래주던 손길을 거둬가버렸다.

어느 날 하교길에 나는 그 기차를 봤다. 기차는 터널이 막 시작되는 산 아래 멈춰 있었다. 이상한 일이었다. 그 기차를 보자 어딘가로 떠나가는 사람들에 대한 억제할 수 없는 질투와 분노가 내 머릿속에서 뜨거운 불길처럼 치솟았다. 나는 도화선이 타들어가는 폭발물처럼 식식거리며 기차를 노려봤다. 나의 나쁜 영향을 받은 것일까? 내 뒤를 따라오던 아이들이 옆에 와 서더니 돌멩이를 집어들어 기차를 향해 던지기 시작했다. 기차는 깎아지른 듯한 절벽 아래 멈춰 있었는데, 탕탕탕 하며 기차 지붕을 두드리는 돌멩이 소리가 어린 마성魔性을 일깨우는 노크소리처럼 나를 자극했다. 아이들은 모두 남루하게 입었고 얼굴에는 허옇게 버짐이 피었으며, 손에는 덕지덕지 때가 앉아 있었다. 그들과 별로 처지가 다르지 않았던 나는 엄마가 날마다 빨아서 말려주던 깨끗한 운동화를 신고 큼직한 주름이 빳빳하게 잡힌 치마를 입고 있었다.

아이들의 끝없는 돌팔매질에도 기차는 꿈쩍도 하지 않았다. 그 모든 것을 서서 노려보고 있던 나는 아이들이 던지는 돌멩이의 100배는 됨직한 돌덩이를 낑낑대며 땅에서 뽑아들었다. 그리

낯선 곳으로

고 망설임도 없이 그 돌덩이를 가져다 기차를 향해 던졌다. 속이 다 후련했다. 그리고 잠시 후 산신령도 놀랄 만한 "꽝!" 하는 요란한 소리가 발 아래서 올라왔다. 기차를 향해 돌팔매질을 하던 아이들이 총성에 놀란 새떼처럼 사방으로 흩어졌다. 잠깐 동안의 쾌감은 어디로 사라지고 나는 정신이 번쩍 들었다. 그 길로 죽을 힘을 다해 집으로 도망쳤지만 뒤로 뛰는 것 같았고, 곧 무시무시한 손이 뒷덜미를 낚아챌 것만 같아 색색거리는 목에서는 단내가 났다.

"빨리 뛰어! 순경 온다!"

기차에 돌을 던지지 않아 양심이 떳떳한 아이들이 하얗게 질려 줄행랑을 치는 내 등뒤에다 대고 소리쳤다.

그날부터 나는 경찰에게 쫓기는 꿈을 수도 없이 꿨다. 꿈속에서는 코끼리만한 체구의 경찰이 늘 우리 집을 찾아오고 있었다. 불쌍하게도 아직도 나는 같은 꿈을 꾸고 있다. 그런 날엔 어김없이 몸이 아프다.

지금도 나는 햇볕이나 달빛에 선로가 반짝이는 것을 보면 최면에 걸린 사람처럼 정신이 몽롱해진다. 어두운 밤, 객실마다 불을 밝히고 어딘가로 달려가는 기차를 보면 알 수 없는 정신의 울렁거림도 느낀다. 기차는 지축을 흔들며 낯선 곳으로 멀어지는 것이 아니라 내가 침전시킨 어둠이 켜켜이 쌓여 있는 과거 속으로 단숨에 달려들어간다. 천만다행히도 그곳에는 어둠만 있는 것이 아니다. 엄청난 양의 에너지가 과거라는 이름으로 매장되어 있다.

마흔넷. 나는 지금도 우리 동네 영화의원 앞 화단에 산당화가 필 때면 알 수 없는 정신의 회오리를 느낀다.

영화의원 앞 산당화는 유난히 일찍 핀다. 붉은 꽃망울이 맺힌 후 큰눈이 내리는 것도 여러 번 봤다. 그렇다, 내겐 언제나 꽃이 지는 것이 충격이 아니었다. 언제나 나는 꽃이 피는 것에 충격을 받았다. 그 꽃이 바로 '곧 져야 할 꽃'임을 알았기 때문이다. 그것을 알면서도 꾸역꾸역 꽃을 피우는 존재들 때문에 한번도 꽃을 매달아본 적 없는 내 삶은 늘 혼란스러웠다.

옛날부터 꽃들은 내게 똑같은 말만 되풀이했다. 언제나 그랬다. 꽃들은 크고 작은 나팔 같은 입으로 나를 향해 일제히 "빨리! 빨리!" 했다. 그렇게 나의 무의식이 지천에 널린 꽃들을 통해 나 자신이 얼마나 정체되어 있는지를 일깨웠지만, 나는 굼벵이보다 더디게 성장했다.

이십대에 이미 성공했거나 탄탄한 성공의 기반을 다진 사람들도 많을 테지만 나는 그 무렵 여행을 많이 했다. 내 여행에는 쾌락이라곤 없었다. 여행의 목적이 마치 극단적 괴로움의 탐닉이기라도 한 것처럼 나는 지친 몸을 끌고 무작정 돌아다녔다. 즐거움을 추구하는 여행이 아니었던 만큼 언제나 내 의식은 어두웠고, 젊은 여자의 몸으로 낯선 곳을 다니느라 있는 대로 긴장한 탓에 늘 극도로 피로했다. 떠도는 자만이 만끽할 수 있는 자유로움마저도 맛보지 못했다.

　차멀미를 심하게 하던 내게 배를 타야만 하는 섬 여행은 더 힘들었다. 일단 한번 승선하면 변덕스럽게 일렁거리는 파도에 몸을 맡기고 육지가 눈앞에 나타날 때까지 인내심을 갖고 견뎌야만 했던 여행길……. 속을 다 게위내고 노랗게 뜬 얼굴로 먼 바다를 바라보며 탄력이라고는 없는 흐물흐물한 살갗을 만져보면, 나 자신이 세상의 그 무엇보다도 멀리 있어 다다를 수 없는 섬처럼 느껴졌다.

　내가 태어나서 처음 본 바다는 동해였다. 내륙에서 나서 자라다 처음 동해바다를 봤을 때는 그야말로 충격으로 말문이 막혔다. 어마어마한 양의 물이 넘치지도 않고 넘실대는 것을 넋을 놓고 바라보던 그때의 어린 내 곁에는 가족들이 있었다. 너무 어려 겁이 없던 나는 밤새 바닷물 소리를 들으며 뒤척거리다 이른 새벽 혼자 해변으로 나갔다. 새벽까지 노랫소리가 들려오던 해변 여기저기에서는 코고는 소리가 들렸다. 나는 그날 평생 잊지 못할 자연의 선물을 받았다. 어둠이 걷히는 해변에 혼자 서서 뚫어져라 먼바다를 바라보고 있는 오직 나만을 위한 듯 낯선 에너지로 가득 찬 태양이 눈앞에서 불쑥 솟아오른 것이다.

　그때의 심리적이고 시각적인 충격을 잊지 않고 살던 젊은 날의 내게 남해는 낯설 만큼 조용히 다가왔다. 크고 작은 섬들이 내면

처음 본 바다

으로 가는 징검다리처럼 놓여 있는 남해를 처음 봤던 것은 고등학교 2학년 수학여행 때였다. 어느 도시의 해안도로를 달리며 눈 아래로 펼쳐지던 평화로운 바다를 보던 것과 달리 통영에서 부산까지 가는 여객선을 탔을 때는 지옥과도 같은 시간이 시작되었다. 지독한 뱃멀미 때문이었다. 양쪽 옆으로 지나가는 수많은 섬에 대한 설명을 들을 수도 없을 만큼 고통으로 얼굴이 일그러진 여학생들이 갑판에 몰려나가 속을 게워냈고, 나도 예외는 아니었다. 단단히 각오하고 약까지 먹고 배에 올랐지만 '이러다 죽겠구나' 싶을 만큼 뱃멀미가 심했다. 돌아갈 수도 내릴 수도 없는 그 배에서 속을 게우느라 눈물을 줄줄 흘리며 나는 '한 배를 탄 운명'이란 말이 왜 생겼는지 알았다.

  그 지독했던 뱃멀미에 대한 기억을 간직한 채 어느 날 다시 친구들과 남해의 몇몇 섬을 찾아갔다. 뱃길을 따라 이름도 기억나지 않는 수많은 섬들을 지나며 나는 자의식 속으로 자맥질했다. 깊고 어두운 자의식 속에서 빠져나와 심호흡을 하며 바라보는 섬들은 비현실적일 만큼 평화로워보였다. 그런 여행 중에는 가끔 내 삶도 비현실적으로 느껴져 비로소 나는 제대로 숨을 쉴 수 있었다.

  그후로도 나는 자주 남쪽 바다를 찾아갔다. 그러던 어느 여행에서 먼바다로 나갔을 때 엄청난 태풍을 만났다. 내가 타고 있던 작은 배는 포말처럼 곧 꺼져버릴 것 같았고, 거센 바람이 깊은 바닷물을 퍼올려 배의 양옆으로 터널을 만드는 진풍경은 내 평생 다시는 보지 못할 것이다. 엄청난 양의 바닷물이 갑판으로 쏟아져도 배가 가라앉지 않는 것이 기적처럼 느껴질 뿐이었다. 높은 파도의 이랑에 끼여 바다 밑으로 뚝 떨어지던 배가 한순간에 파도 위로 불쑥 솟구칠 때는 비명도 터지지 않았다.

언젠가는 남해 해금강을 오가는 배 위에서 지갑을 도둑맞은 적도 있었다. 배가 항구로 돌아와서야 친구들과 나는 그 사실을 알았다. 우리들에겐 집으로 돌아올 차비는 고사하고 당장 허기진 배를 채울 잔돈푼도 없었다. 낯선 그 도시에는 아는 사람 한 명 없었고, 돌아가야 할 집은 너무도 멀리 있었다. 전화로 도움을 청할 수 있는 동전 한푼 없던 우리들은 터덜터덜 걸어 버스 터미널까지 갔지만 집으로 돌아가기 위해 무엇을 어떻게 해야 할지 암담할 뿐이었다. 나는 넋을 놓고 앉아 있었고, 친구들은 울었다. 그때 그곳을 지나가던 한 남자가 걸음을 멈추고 말을 걸어왔다. 그는 어느 도시에서 버스를 몰고 그곳에 오자마자 코를 빠뜨리고 있는 우리들을 보았던 것이다. 그는 자신이 의심받든 말든 누군가를 불러 우리가 집까지 돌아올 수 있도록 철저히 조처해줬다. 우리는 체인처럼 연결된 그의 인력에 의해 수없이 버스를 갈아타며 느릿느릿, 그러나 무사히 집으로 돌아올 수 있었다.

그후로도 나는 남해의 수많은 섬들을 하나하나 찾아갔다. 나병환자들이 모여 사는 섬과 해변에 몽돌이 깔려 있는 섬, 하얀 자갈이 깔려 있는 섬, 검은 자갈이 깔려 있는 섬, 이름을 알 수 없는 무인도까지. 때로 나의 가족이 그 여행에 동행하기도 했고, 친구들이 동행하기도 했다. 또 언젠가는 변심한 연인이 가 있는 남해의 한 해수욕장을 알아낸 친구의 부탁을 거절하지 못해 함께 가준 적도 있었다. 그곳에서 다른 여자와 장난을 치고 있던 남자와 친구가 맞닥뜨리는 것을 먼발치에서 바라보며 젊디젊은 내가 한 생각은 '사랑하면 자존심을 상하게 되는구나'였다.

그러다 소꿉친구가 통영 남자와 결혼하여 그들의 신혼집은 나의 은신처가 되었다. 친구 남편은 공부하러 대도시에 나가 있던 몇 년의 세월을 제외한 일생을 통영에서 보낸 토박이였다. 내 친구가 결혼한 남자의 친구들 중에는 어업에 종사하는 사람도 있어서 우리는 굴이나 전복 등을 양식하는 집안의 가업을 물려받은 그의 배를 타고 경비정의 불빛이 획획 지나가는 밤바다를 돌아다녔다. 그러다 배를 세워놓고 뱃전을 핥는 바닷소리를 들으며 밤낚시도 했다. 나는 낚시는 거의 하지 않았지만 누군가의 환호성 뒤에 바다 밖으로 끌려나오던 다른 생명의 몸부림은 그대로 눈앞에 정지되어 있는 듯하다.

옛날엔 나처럼 있는 돈을 다 털어 여행을 다니는 사람들이 그다지 많지 않았다. 지금처럼 누구나 할 것 없이 자동차를 가지고 있던 시절도 아니었고, 그나마 경제적으로 여유가 있는 사람들의

소비 성향도 여행으로 돈을 없애기보다는 더 실속 있게 쓰는 듯했으며, 확실하게 남는 것이 없는 여행에는 대부분 별관심이 없어 보였다. 그래서 내가 다녔던 곳은 거의가 조용했으며 특별히 유명한 유원지만 피해 가면 불량배를 만날 일도 없어 어떤 면에서는 지금보다 그 시절의 여행이 안전했다. 그래도 혼자 가기에는 위험한 곳을 여행할 때면 여행에 전혀 흥미가 없는 친구라도 꼬셔 그들의 경비까지 부담해야 했기 때문에 나는 늘 쪼들렸다. 여행을 하지 않을 때는 대부분의 시간을 무료하게 보냈지만 그나마 그것도 여행에서 돌아와 쉬고 있는 기간 정도였으며 일정 시간이 지나면 나는 또 떠나고 싶어 온몸이 아팠다.

직장을 그만두고 주머니 사정이 여의치 않아 집에만 있게 되자 나는 더 우울했다. 우울하다 못해 불행했다. 그쯤 되면 가족들은 슬금슬금 내 눈치를 보기 시작했다. 가족들은 내가 우거지상을 하고 불행한 모습으로 방에 틀어박혀 있는 것을 보고 싶어하지 않았다. 그래서 형제들의 월급이 쪼개지고 어머니의 생활비가 보태져서 적게나마 나의 여행 경비가 마련되었다. 그렇게 눈물겹게 마련한 경비를 들고 집을 떠나 버스나 기차를 타러 가는 순간 나는 알았다. 내 여행의 목적은 떠나는 것이 아니라 현실 속으로 돌아오기 위한 것임을. 현실과 부조화된 모습으로 자신은 물론 주변 사람들까지 괴롭히고 있다는 자각에서부터 나는 여행의 첫걸음을 내디뎠던 것이다.

요즘은 옛날처럼 집을 떠나 어딘가로 가고 싶다는 욕구가 믿어지지 않을 만큼 약해졌다. 뭐든 다 때가 있는 법인가 보다. 문득문득 바다가 그립고 책이나 사진에서 본 외국의 인상적인 풍광들이 머릿속에 떠오르기도 하지만 막상 어디로 가려고 하면 신중해지고 이것저것 생각도 많아진다. 하지만 나는 아직도 그 옛날을 생각할 때마다 이른 새벽 집을 나서 깜깜한 길을 걸어가던 때의 복잡했던 마음과 늦은 밤 걸음을 재촉하며 집으로 돌아오던 때의 그 적막하던 여행의 아련함에 젖곤 한다.

이제야 나는 담담하게 과거의 그 여행들이 내게 어떤 의미였을까 생각하게 된다. 그리고 미흡하게나마 어떤 대답을 듣는다. 그 여행은 내가 갈망하는 미래를 향해 한발 한발 내딛는 정신적 행위였다는 것을. 그래서 거친 바다 위의 배처럼 흔들리는 삶의 기반 위에서 아슬아슬하게나마 지금의 내가 존재한다는 것을.

허방을 보다

허공을 딛는 마음

뒤늦게 고도 제한이라는 제약에 걸려 서울시를 상대로 재판을 하느라 재개발이 늦어지고 있는 100미터 남짓 떨어진 텅 빈 주택가에서 올라오는 악취를 맡으며 잠에서 깼다. 그 순간 알았다. 내가 오늘 상당히 예민해져 있다는 것을. 평소에는 스산한 그곳을 지나다닐 때만 내가 사는 환경이 열악하다고 느꼈는데 오늘은 다르다. 마치 혼자 적진 속에 들어와 깜빡 졸다 일어난 것처럼 마음이 황망하다. 어쨌거나 이런 날에는 말과 행동을 조심해야 한다. 내 입에서 튀어나간 말이 다른 사람의 명치에 박히지 않도록. 가끔 이런 날이 있다. 창과 벽을 통해 들려오는 이웃의 목소리도 거슬리고 골목 안으로 들어오는 오토바이 소리에도 걷잡을 수 없이 화가 치미는.

이불 속에 누운 채 생각해본다. 이른 아침부터 내가 왜 이렇게 예민해져 있는 걸까. 그때 천장을 바라보던 나의 입이 벌어지며 "아아!" 하는 신음소리가 새어나온다. 그렇다, 그 일 때문이다!

바로 어제, 우리 동네에 흉측한 사건이 생겼다. 대낮에 괴한이 가정집에 들어가 스물세 살 된 아가씨의 얼굴을 난도질하고 달아난 사건. 그 일로 수사관이 밤 늦도록 골목을 헤집고 다니고 동네 사람들은 모였다 하면 '원한에 의한 사건'이라고 입을 모았다. 다친 사람이 누군지 모르지만, 분명히 나도 알고 있는 사람일 터였다. 굳이 관심을 갖지 않아도 비교적 유동 인구가 없는 이 동네에서 13년을 살고 있는 내게 낯선 사람은 거의 없다.

무엇보다도 다쳤다는 여자가 너무 젊어 더 마음이 아팠다. 대체 어떤 원한이 있기에 사람의 얼굴을 그 지경으로 만들었을까. 그녀가 앞으로 정상적인 생활을 할 수 있을까. 그 정도 고통이면 죽고도 남을 텐데 차라리 죽이지 왜 하필이면 잔인하게 얼굴을 그랬을까. 그게 꼭 남에게만 일어날 수 있는 험한 일일까……. 흉한 생각이 끝없이 이어진다. 이미 머릿속에서 지워낸 또 다른 사건도 생각난다. 몇 달 전 우리 골목의 한 아주머니도 죽었는데, 그녀의 죽음엔 의문이 있어 경찰들이 드나들며 몇 차례 조사를 했다. 그러고보니 작년 이맘때도 그런 일이 있었다. 왜 가까운 곳에서 자꾸 이런 일이 생기는 것일까.

어머니가 입원해 있는 병원에 다녀올 때도 내 속에는 허방이 하나씩 생긴다. 어머니는 퇴원하지 못해도 같은 병실의 환자들은 그동안 수없이 바뀌었다. 얼마 전에 갔을 때는 병실의 환자들이 모두 어머니와 비슷한 연배의 여인들로 바뀌어 있었다. 한눈에 보기에도 그들 역시 나의 어머니와 다를 바 없는 삶을 살아온 것 같았다. 하나같이 뼈가 부실해보이고, 손마디가 굵고, 허리를 꼿꼿이 펴지 못하던 그들은. 책을 즐겨 보지도 않고 음악을 즐겨 듣는 것도 아니고 별다른 취미도 없으며, 이 사회나 가족으로부터 받는 소외감이나 분노를 생산적 에너지로 바꿔 쓸 줄도 모르는 그들은.

언젠가 신문에서 카레가 암 예방에 효과가 있다는 기사를 본 후 병원에 갈 때면 나는 가끔 카레를 만들어 가곤 했는데, 그날도 그랬다. 마침 점심시간에 맞춰 병실에 들렀던 나는 아직 따끈따끈한 카레를 어머니의 식판 곁에 내려놓았다. 내가 가지고 간 카레는 어머니와 간병인이 먹기엔 넉넉했지만 그 병실의 모든 환자들과 나눌 수는 없는 양이었다. 그런데 민망하게도 어머니 옆 환자의 눈이 자꾸 카레에 와 앉았다.

"아무래도 저분이 이걸 드시고 싶나봐요."

소곤대는 나의 말이 끝나자마자 당장 덜어서 드리라고 할 줄 알았던 어머니가 뜻밖에도 못 들은 척했다. 나는 그깟 음식에서 눈길을 거두지 못하는 옆 환자의 시선이 견디기 힘들어 간병인을 보며 다시 말했다.

"조금 나눠드리죠."

직업 간병인인 그녀는 세차게 고개를 저었다. 그 병실에 있는 환자 모두와 나눠 먹을 수 없으면 아무에게도 나눠줄 수 없다는 말과 함께. 나는 뭐 그런 원칙이 있냐며 그때까지 우리 쪽을 보고 있는 환자가 듣지 못하도록 목소리를 한껏 낮춰 말했다. 육체를 해갈시켜줄 한 모금의 물처럼 꼭 그 순간에 필요한 것이 있는 법이라는 말과 함께. 그러다 돌아보니 어느새 옆 환자가 수저를 놓고 있었다. 정말이지 내 평생 먹는 음식을 가지고 그토록 찜찜한 마음이 된 것은 처음이었다. 자연히 그때부터 나는 그 환자를 의식하게 되었다. 햇볕에 검게 탄 얼굴은 그녀가 입원하는 순간까지 노동을 했음을 말해주는 듯했고, 허공에 걸려 있는 눈빛은 자신의 삶이 얼마나 허무한지 깨닫고 있는 듯했다.

이틀 후 나는 넉넉하게 카레를 만들어 다시 병원으로 갔다. 언젠가 지방에 사는 친구가 먹고 힘내라며 가지고 온 소고기 안심을 듬뿍 넣은 카레를 환자들은 맛있게, 순식간에, 먹어치운 후 박장대소하며 목청을 돋워 농담을 하기 시작했다. 어째서 그들은 섬뜩할 정도로 분노에 찬 말을 그토록 아무렇지도 않게 할 수 있을까, 하다가도 막연하게라도 그들의 마음을 이해할 것도 같았다.

"아들을 낳으면 첫째만 씨받이로 남겨두고, 둘째부터는 엎어버려야 해."

응어리

누군가의 말이 끝나기도 전에 앞다퉈 맞장구를 치는 그들은 모두 자신을 중심에 놓지 않고 살아온 삶을 후회하고 있었다. 희생으로 일관했을 삶을 자신들이 후회하지 않는다면 더없이 좋았겠지만, 그렇지 않은 그들의 모습은 가련해보였다. 그들이야말로 우리의 가족제도 속에서 희생만 당한 후 그나마 관습화되어 있던 자식들의 부양마저 거부당한 사람들이었다. 시어른을 모신 마지막 세대이자 자식과 함께 살 수 없는 첫번째 세대인 그들에게서 표출되는 정신적 허기를 눈으로 보고 있자니 나까지 마음이 헛헛했다. 그들은 이 같은 가족상에 대한 마음의 준비가 없었던 만큼 혼자 쓸쓸히 병상에 누워 있는 자신들의 상황을 충격적으로 받아들일 수밖에 없었다.

다음에 갔을 때 그들은 모두 퇴원하고 없었다. 내게는 적잖게 충격적이었던 그들이 머물던 침상을 멍하니 바라보고 있을 때 어머니가 검은 비닐로 꽁꽁 싸맨 무엇인가를 내밀었다. 풀어보니 그것은 김밥용 김이었다. 내가 만들어 갔던 카레를 먹었던 환자 중 한 명이 김밥 장사를 했다는데, 그 김은 먼저 퇴원했던 그녀가 어머니를 문병 오며 가지고 온 것이라고 했다. 나는 김을 준 사람이 어느 병상에 있던 환자였는지 물었다. 어머니가 손가락으로 가리키는 곳에 누워 있던 사람의 얼굴이 떠올랐다. 슬펐다.

얼마 지나지 않아 추석이 왔다. 간병인을 대신해 내가 병원에서 자겠다고 자청한 날은 이틀이었다. 그런데 세상에! 첫날부터 나는 머리가 돌 지경이 되었다. 내가 보기엔 신경정신과에 격리 수용되어 있어야 할 사람이 그 병실을 장악하고 있었던 거였다. 그녀는 새벽 2시가 넘도록 텔레비전 볼륨을 있는 대로 높여놓고 '덤비기만 해봐라!' 하는 기세로 미리 공격할 자세를 취하고 있었다. 그 병실에는 그녀를 상대할 수 있는 사람이 아무도 없었다. 분이 난 나는 항의하러 간호사실로 달려갔지만 어쩔 수 없는 건 간호사들도 마찬가지였다. 지옥이 따로 없었다. 나의 어머니도 병적으로 예민한 사람인데 수없이 이런 밤을 보냈겠구나 싶으니 죄책감까지 더해져 눈물이 날 지경이었다. 그런 마음으로 일어났다 누웠다 앉았다 하기를 몇 차례. 드디어 '그래, 어디 한번 해보자!' 하는 비장한 심정이 되어 내가 몸을 일으켰을 때였다. 앙상하고 힘없는 어머니의 손이 사태를 예견했다는 듯이 재빨리 내 손을 움켜잡았다. 내려다보니 어머니는 여전히 눈을 감고 있었다. 내가 손을 빼내려고 하자 어머니가 손에 더 힘을 줬다. 여전히 눈을 꼭 감은 채. 그 순간 정신이 아득해지며 과거의 무엇인가가 현실 속으로 덩굴식물의 뿌리처럼 딸려 올라왔다. 어머니의 그 손은 암흑으로 치닫는 과거의 나를 수없이 잡아줬던 바로 그 손이었다. 그 손을 가진 어머니가 없었다면 나는 이미 중학교 1학년 때 퇴학을 당했거나 오래 전에 폐인이 되었을 것이다. 정의감은 넘치되 융통성과 체력은 턱없이 부족해 늘 생각지도 못했던 문제를 만들면서도 잘난 800미터도 끝까지 뛰지 못하던 나는 어머니라는 존재를 머릿속에 떠올리는 것만으로도 젖 먹던 힘까지 짜내 이곳까지 올 수 있었다.

추첨을 하여 내가 배정받은 중학교는 일반적인 중학교의 학과 과목과 함께 따로 성경 시험도 치던 미션 스쿨이었다. 돌이켜보면 별탈없이 초등학교를 졸업했던 내가 중학교에 입학하자마자 불량 학생이 된 것은 내가 조금은 특수한 그 학교에 배정받았기 때문이었다. 이를테면 그 학교에 입학했던 것은 내 인생의 첫번째 단추를 잘못 낀 것과 다름없었다. 나로서는 순전히 운에 의해 그 학교에 진학했는데, 성경을 읽고 기도를 하고 목사님의 설교를 듣는 것은 뜻밖에도 선택 사항이 아니라 의무 사항이었다. 거기까진 그런 대로 견딜 만했다. 일주일에 한번씩 전교생이 줄을 서서 학교에서 뚝 떨어진 교회까지 걸어가 예배를 드리는 의식만은 도저히 납득할 수 없었다. 처음 교회에 가서 예배를 드리던 날, 나는 귓전에 울리는 결연한 소리를 들었다.
'이건 절대로 나의 의무 사항이 아니야!'
절규에 가까운 끝없는 속살거림 때문에 목과 귀가 아팠다. 그래서 나는 그 다음 시간부터 적당한 곳에서 대열을 이탈해버렸다.
그렇게 점점 길어지던 나의 꼬리를 다른 사람도 아닌 교장선생님이 보게 될 줄이야. 교장선생님의 지시하에 선생님들은 다

야위는 향기

른 곳도 아닌 교회에서 전교생들의 출석을 불렀고, 그 성스러운 대열을 이탈한 사람이 나였음이 만천하에 드러났다. 나는 당장 교무실로 불려갔고, 화가 난 교장선생님까지 교무실로 뛰어나와 나를 훈시했다. 나는 잘못했다며 용서를 구하지 않았다. 그러자 담임선생님이 모든 선생님이 보는 데서 나를 강제로 교무실 바닥에 꿇어앉혔다. 치욕감으로 고개를 푹 숙인 채 눈물을 뚝뚝 떨구는 나를 선생님들은 반성하고 있다고 믿었던 것 같다. 그러나 똑같은 일이 되풀이될 때마다 선생님들의 분노는 더해졌고 내게도 학교가 점점 지옥이 되었다. 결국은 나의 어머니가 학교까지 불려오게 되었다. 아, 불쌍한 나의 어머니……. 나는 그게 더 분이 나 독을 뿜어댔고, 어머니는 선생님들에게 점점 죄인이 되어야만 했다.

그때 선생님들이 나를 윽박지르지만 말고 "이왕 네가 이 학교에 왔고, 성경이야말로 네 영혼의 지팡이가 될 수 있다"는 식의 상투적인 말이라도 했다면 모든 종교적 분위기를 좋아하던 나는 체념하고 성경 시험지에 정답을 적어넣기 위해 애썼을지도 모른다. 하지만 그런 선생님은 없었다. 어려서부터 어머니를 따라 절에 다녔던 경험과 친구들과 어울려 생각 없이 교회에 갔다가 고아원에 봉사까지 다녔던 내가 어쩌다 그 지경까지 되어버린 것일까? 자의와 타의의 차이는 그렇게 컸던 것일까?

지금 생각해보면 그 소도시의 사립학교에 직장을 얻어 온 젊은 선생님들 중에는 지독한 패배 의식에 젖어 있던 분들이 간간이 있었던 것 같다. 지금은 있을 수도 상상할 수도 없는 일이지만, 그때 그들은 대수롭지도 않은 일에도 우리들이 자신들을 무시했다며 화를 냈고, 제대로 인격을 형성하지 못한 어린 여학생들이 무능한 자신들의 무의식이라도 되는 줄 아는지 발길로 걸어차고 손으로 뺨을 올려붙였다. 그럼에도 불구하고 참으로 불가사의한 것은 그토록 문제아로 통하던 나는 선생님들에게 한번도 손찌검을 당해본 적이 없다는 점이다. 생각할수록 기적이구나, 싶다.

  다시 그 무렵의 일 하나가 생각난다. 어느 날, 우리들에게 영어를 가르치던 선생님이 미국으로 유학을 가느라 학교를 그만두게 되었다. 그는 온화한 성품에 서구적인 외모를 지닌 사람이었다. 이미 더할 수 없이 문제아가 되어 있던 나는 유난히 못 지내던 선생님이 가르치던 수업시간에 턱을 괴고 창밖을 내다보고 있었다. 그때 그가 교사를 빠져나가 교문을 향해 걸어가는 것이 보였다. 교문 가까이 이르렀을 때였다. 갑자기 걸음을 멈추고 한동안 그대로 서 있던 그가 돌아서더니 다시 운동장을 가로질러 오기 시작했다. 나는 속으로 뭘 잊었나보다 했다. 그런데 뜻밖에도 그는 교무실 쪽으로 가지 않고 우리 교실 쪽으로 걸어오고 있었다. 그리고 어느 순간 그가 시야에서 사라졌다. 얼마 후 누군가가 우리 교실 문을 노크했다.

"이 반의 한 학생을 만나고 가려 합니다."

그였다. 그가 나를 만나고 가려고 발걸음을 돌린 것이다. 수업 시간 외에는 한번도 나와 따로 말을 해본 적도 없던 선생님이었던지라 밖으로 불려나간 나는 그와 마주선 시간이 힘들고 어색했다. 그는 늘 그랬듯 얼굴에 온화한 미소를 머금고 자분자분 나를 칭찬한 후 말했다.

"꼭 열심히 공부해야 한다!"

그 말을 끝으로 그는 왔던 길을 되돌아갔다. 나는 그가 떠난 후에도 열심히 공부하지 않았고, 여전히 내 양심에 충실했지만 그로 인한 행동들이 언제나 선생님들의 눈 밖에 났다. 그렇지만 살면서 내게 어려운 일이 생길 때면 그가 했던 말이 머릿속에 불빛처럼 떠올랐다. 칭찬은 고래도 춤추게 한다더니 딱 맞는 말이었다. 그가 내게 남기고 간 사랑이 담긴 말은 스승을 갖지 못했던 불우한 내게 오래도록 나침반 같은 역할을 했다.

그는 돌아와 대학에서 영문학을 가르치고 있고 나는 뒤늦게 시인이 되었지만 우리는 다시 만나지 못했다.

어수선한 마음으로 아침 일찍 집을 나서다가 골목에서 패트롤카를 봤다. 스물셋 꽃다운 여자의 얼굴을 망가뜨린 범인을 아직 잡지 못한 것 같았다. 내가 옆을 지나갈 때 패트롤카의 운전석에서 앳돼보이는 제복 차림의 청년이 내렸다. 다친 사람이 어떤 상태인지 궁금했지만 나는 그를 그냥 지나쳤다. 스물셋. 그녀는 지금 지옥에 있을 것이다. 나도 그 나이에 지옥에 있었다.

순간의 진실, 영원한 진실

　어느 해 여름 한 친구를 잃었다. 그녀를 안 지 오래되었고, 우리는 많은 부분을 소통한 줄 알았는데 시간이 흐를수록 그것은 나의 착각이었다는 생각이 든다. 또 어쩌면 그녀와의 관계가 끝났다고 생각하는 지금 나의 생각은 섣부른 속단일지도 모른다. 언젠가 아무 일도 없었다는 듯이, 마치 우리가 어제까지 얼굴을 보며 밥을 먹고 차를 마시기라도 했다는 듯이, 그녀가 불쑥 나타날지도 모르니까.

　이렇게 생각하면서도 나는 다시는 그녀를 만날 수 없다는 예감에 사로잡혀 있다. 내 예감이 틀리지 않다면 그녀는 자신에 대한 구질구질한 기억을 갖고 있다고 생각되는 나를 다시 찾는 일은 없을 것 같다.

그 친구를 처음 만났을 때 나는 이십대였다. 나는 혼자 남도의 어느 절에 들렀다가 그녀를 처음 보았다. 그날은 비가 왔고, 구름이 낮은 산자락까지 내려와 평지나 다름없는 길을 걷는데도 깊은 산속에 들어와 있는 듯 마음이 적막했다. 나는 불어난 개울물 소리 때문에 내 뒤에서 달려오는 자동차 소리를 듣지 못했다. 클랙슨이 빵빵대지 않았다면 절 마당까지 그 차를 등뒤에 달고 하염없이 걸어갔을 거다.

클랙슨을 울리며 나를 앞질러간 차가 눈앞에서 모퉁이를 도는 것도 제대로 보이지 않을 정도로 시계가 흐렸다. 차가 돌아간 모퉁이를 꺾자 낮게 내려앉아 천천히 이동하는 구름에 덮인 절이 보였다. 나를 앞질러갔던 차는 절 앞 경사진 황토 마당에 서 있었다. 나는 차가 들어와서는 안될 것 같은 그곳까지 차를 몰고 온 그녀를 먼발치에서 곱지 않은 눈길로 바라봤던 것도 같다.

절을 둘러보고 대웅전 앞 배롱나무의 매끈한 목질을 만지고 있을 때 그녀가 스님의 안내를 받으며 대웅전 마당을 걸어오는 것이 보였다. 희고 깨끗한 이마가 눈길을 끄는 그녀는 내 또래로 보였다. 공양간에서 밥을 얻어먹고 밥값을 시주함에 넣으려고 대웅전 쪽으로 가던 나는 등을 보인 채 스님과 함께 걸어가는 그녀를 또 보았다.

계곡 물소리를 들으며 터덜터덜 절을 걸어나올 때 또다시 뒤에서 자동차 소리가 들렸다. 이미 눈에 익은 그 차는 그대로 나를

흔적

지나쳐가다가 급정거했다. 그녀는 버스가 오는 데까지 태워주겠다고 했고, 나는 나쁠 것도 없겠다 싶어 차에 올랐다. 차에 타고 보니 그녀도 나처럼 서울로 올라가는 길이었다.

그녀는 혼자 운전을 하면서도 피로나 외로움을 느끼지 않을 만큼 단단해보였고, 답답할 만큼 천천히 말을 했다. 나는 그녀의 그런 모습에 끌렸다. 그 무렵 나는 타인과 의사소통의 필요성을 조금도 느끼지 못했다. 나는 말의 효용성을 거부했으며, 말이 병든 정신을 해독한다는 사실도 인정하지 않았다. 말이야말로 온갖 추잡한 내면을 속이는 허세에 불과하다고 단정해 꽤 긴 세월 동안 말을 하지 않고 살려고 의도적으로 노력하기도 했다. 지금도 이따금 사람들과의 의사소통에 어려움을 느낄 때면 나는 그렇게 폐쇄적으로 보낸 시간이 현실 속으로 역류하는 것이라고 생각한다. 그것으로 인해 오해가 생겨 상대방이 화라도 내면 나는 그 상황을 수습할 열의를 상실한 채 무작정 절망해버린다. 그 무렵 나를 알던 사람들이 이만큼이라도 말하는 지금의 나를 보면 말을 잘하는 약이라도 꾸준히 복용하며 살아온 줄 알 것 같다.

그렇게 살던 때 그녀를 만났다. 그녀도 말이 없는 편이었지만 나처럼 말에 대한 혐오감 때문에 일부러 말을 적게 하는 것 같지는 않았다. 말수가 적다는 것을 제외하면 우리는 모든 것이 달랐다. 그녀는 부잣집 딸이었고 나는 가난한 집의 많은 딸 중 하나였으며, 그녀는 예쁘고 눈에 띄는 반면 나는 실수만 하지 않으면 사

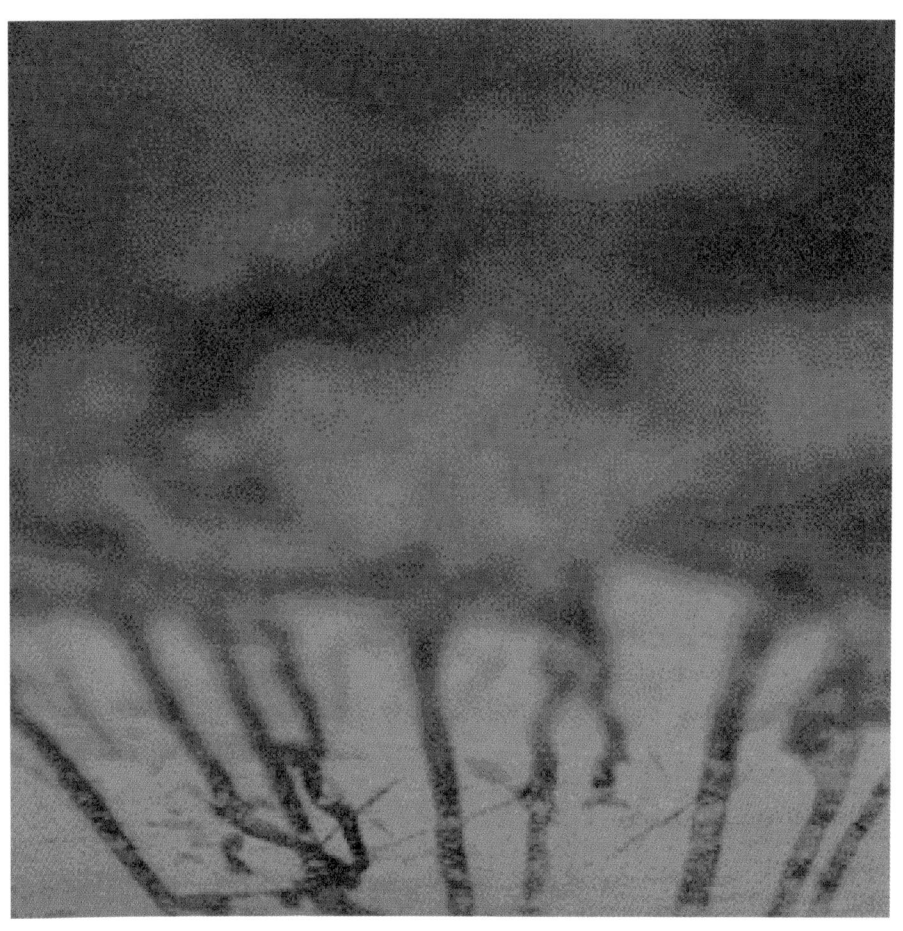

굳어버린 것의 아픔

람들의 눈에 절대로 띄지 않는 평범한 사람이었다. 그녀는 늘 세련되게 입고 다녔고, 나는 어쩌다 좋은 옷이 생겨도 어떻게든 상표부터 떼어내야 직성이 풀리는 이상한 성격을 갖고 있었다. 나는 그녀의 집 근처로 몇 번 그녀를 만나러 갔지만 한번도 집으로 오라든가 집에서 만나자는 식의 말을 듣지 못했다. 마찬가지로 그녀 역시 우리 집 근처로 몇 번 놀러 왔지만 나는 그녀를 우리 집으로 데리고 갈 생각은 조금도 없었다. 나는 그녀에게 보이고 싶지 않은 누추한 생활상이 있었고, 그녀는 내게 보여서는 좋을 게 없을 다른 차원의 생활상이 있었던 것이다. 그녀는 남자를 고르고 고르느라 혼기를 놓쳤고, 나는 결혼을 회피하며 청춘을 보냈다. 단언하건대 우리가 친해질 수 있었던 것은 서로가 너무 달랐기 때문이다.

우리가 마지막으로 보았던 그해의 이른 봄, 그녀에게 사랑하는 사람이 생겼다. 처음 그녀에게 그 말을 들었을 때 나는 앞뒤 없이 축하부터 했다. 세련되고 예쁘긴 하지만 뭔가 건조한 그녀의 정서를 완성시킬 수 있는 것이야말로 오직 이성과의 사랑뿐일 거라고 오래 전부터 생각해왔던 나는 그녀가 사랑하는 사람이 스무 살 연하든 스무 살 연상이든 축하해줄 수 있었다. 나중에 듣고 보니 그녀가 사랑하는 남자는 비교적 평범한 직장인이었다. 또한 이미 가정을 이룬 사람이었다. 자신의 양심이나 의식에 앞서 남에게 보이는 모습부터 생각하는 그녀로서는 상상도 못할 만큼 파격적인 연정이었다.

　그녀는 남자에게 아무것도 바라지 않는다고 말하며 그와 더 가까워질 수 있는 방법을 내게 물어왔다. 연애에 관한 한 그녀는 맹탕이었던 것이다. 나는 내심 신기하다는 속마음을 감추며 우선은 그 사람에게서 연락이 올 때까지 기다려보라고 했다. 내 말대로 했던 그녀의 상황은 한 달이 지나도 달라지지 않았다. 그래서 어느 날 우리 집에 들른 연애 경력이 화려한 또 다른 친구에게 내 조언이 적절했는지 물어보았다. 친구는 말도 안된다며 펄쩍 뛰었다. 그리고는 '그게 바로 너지?' 하는 의미심장한 표정을 지으며 자신의 연애론을 펼치기 시작했다. 요약하면, 내가 조언했던 것처럼 해서는 절대로 연애가 성사되지 않는다는 것이었다. 친구는 당장 그의 회사 앞으로 달려가 몇 시간이라도 죽치고 기다리며 우연을 가장해서 마주쳐야 한다고 주장했다. 내가 "어떻게 그래? 뻔히 알 텐데" 했더니 친구의 직접 경험과 간접 경험이 장황하게 이어졌다. 귀를 기울여 듣다보니 맞는 것도 같았다.

　다행히 방법을 바꿔보라는 조언을 하기도 전에 그 남자에게서 전화가 왔다. 그후부터 나는 그녀를 거의 만나지 못했다. 어쩌다 만나도 그녀가 부담스러울까봐 되도록 그 일에는 관심을 보이지 않았다. 그러다 마지막으로 만난 날 나는 그 남자가 유부남이 아니라 이혼남이라는 말을 들었다. 친구도 그 사실을 청혼을 받고 나서 알았다고 한다. 나는 당연히 그들이 결혼할 줄 알았다. 그런

비껴가는 마음

데 아니었다. 결혼을 거부한 사람은 남자가 아니라 내 친구였다. 그녀는 애초에 평범하게 살아가는 그와 결혼할 생각이 조금도 없었단다. 더 늦기 전에 부담 없는 사람과 연애나 한번 해보고 싶었을 뿐이었단다. 쉽게 말해 그에 대한 순정은 순간의 진실이었을망정 영원한 진실은 아니었던 것이다. 그런 그녀에게 이혼했다는 딱지가 붙고 아이까지 딸린 그의 존재는 그녀의 체면을 깎는 거북한 대상일 뿐이었다. 그래서였던지 그녀는 서둘러 가족이 있는 나라로 도망치듯 사라져버렸고, 나와도 소식이 끊겼다.

이상하게도 나는 친구를 걱정하기에 앞서 사랑이라는 순간의 진실을 믿고 감추고 싶은 자신의 과거를 털어놓으며 청혼했을 남자의 마음부터 헤아려졌다. 나에게 말했듯이 아무것도 바라지 않는다, 오직 곁에만 있고 싶을 뿐이다, 라고 했을 그녀가 돌변해 극진한 자기애를 거침없이 표현하는 것을 지켜봤을 그는 세월이 얼마나 흘러야 그녀를 이해할 수 있을까?

그녀와의 이런저런 일을 돌이켜 생각하던 중에 나의 마음이 다시 알 수 없는 미궁에 빠진다. 그녀 역시 내가 알고 지내는 대부분의 사람들처럼 선량하고 예의바른 사람이었지만 이상하게도 나는 우리가 처음 만났을 때보다 조금도 더 친해지지 않았다는 허망한 생각에 사로잡힌다. 우리는 늘 서로의 상황을 헤아려 배려했지만 중요한 뭔가를 나누지 않았던 것 같다. 그 중요한 것이 무엇이었을까? 그녀는 절대로 이해할 수 없는 뭔가가 나 자신에게 있다고 생각했던 것처럼 그녀 역시 나를 상대로 그런 생각을 했던 것일까? 나는 우리가 못 만난 지 꽤 오랜 시간이 지난 오늘을 마치 그녀의 기일이나 되는 것처럼 보내고 있다. 그러다 어느 순간, 그녀와 나 사이로 돌부리처럼 치고 올라오던 어떤 일이 머릿속에 떠오른다. 나는 그 일을 통해 그녀가 자신을 절대선善이라고 믿고 있다고 확신했던 것과 동시에 강한 거부감을 느꼈다. 그때의 내 마음을 그녀도 읽었던 것일까?

살아오면서 나는 그 친구만이 아니라 수많은 사람들이 자신만이 절대선이라고 믿어 의심치 않는 모습들을 많이 봤다. 그렇다, 자기 자신이 절대선이라고 굳게 믿고 사는 사람들이 뜻밖에도 많이 있다. 그들은 그렇게 생각하나보다 하고 대충 넘어가면 좋으련만 내 마음은 그때마다 극한까지 가는 거부감을 느낀다. 왜 사람은 자신이 선택해서 만나는 사람을 앞에 두고도 아무런 근거 없이, 또는 왜곡된 근거로, 자신만이 절대적인 선의 기준이라는 이상한 자부심에 빠지곤 하는 걸까? 거리에 나가보라, 목소리를 높여서 자신의 이익을 위해 체면도 뭐도 없이 싸우는 사람들이 자신이 악하고 나쁜 사람이라서 그토록 격분한다고 생각하는지. 칼뱅도 히틀러도 폴 포트도 후세인도 부시도 자신만이 절대선이라고 믿었고, 또 그렇게 믿고 있을 것이다. 자신만이 절대적으로 선하고, 자신이 하는 행동이 모두 정당하다고 생각하는 사람들로부터 미어져나오는 자부심 때문에 상처입는 사람들은 절대선을 믿는 소수인 그들이 아니라 어떤 식으로든 그들과 관계 맺고 있는 수많은 사람들이다.

누구나 순간의 진실에 삶이 송두리째 흔들렸던 기억이 있었을 것이다. 생각해보니 그 친구와 나는 서로 삶의 출발점이 너무도 달랐다. 나는 그 친구를 보며 조상들로부터 세속적으로 가치 있는 것들을 많이 물려받은 사람들이 갖기 쉬운 근거 없는 우월감과 냉혹함을 보았다. 우리는 서로가 속한 집단의 편협한 시각을 수정하며 타 집단에 대한 이해의 폭을 넓힐 수도 있었는데 그렇게 하지 못했다. 그녀는 나를 통해 무엇을 봤을까? 가진 것 없이 성질만 꼬장꼬장한 자들이 왜 구질구질하게 살게 되는지 깨달았을까? 어쨌거나 우리는 삶을 마무리하는 순간에 과거를 회상하며 서로의 모습을 떠올리지는 않을 것이다.

어둠에는 덮고 자던 이불 냄새가

 사주에 있다는 역마살 때문인지 나는 꿈속에서도 여행을 자주 한다. 지난 꿈에도 커다란 가방 두 개를 들고 미국을 여행하고 있었다. 두 개의 가방 중 하나에서는 살아 있는 듯한 생명력이 느껴졌고, 다른 하나에서는 그런 느낌이 들지 않았다. 그렇지만 웬일인지 나는 그것 역시 살아 있다고 생각했다. 여행을 하는 동안 특별히 기억에 남을 일은 생기지 않았다. 나는 끝없는 길의 소실점을 바라보며 걷다가 국내선 비행기로 그랜드 캐니언으로 가던 중 잠에서 깨어났다. 자던 몸을 어둠 속으로 퉁겨올리는 심한 기침 때문이었다.
 일어나 기침을 하면서 나는 또 얼마 전에 꿨던 생생한 꿈을 기억해냈다. 그 꿈속에서 나는 발목까지 늘어진 검은 외투를 입은 어마어마한 거구의 두 남자에게 쫓기고 있었다. 그들은 끈질기게 나를 쫓아왔고, 나는 그들을 피해 큰 산맥을 넘고 구름 위를 지나갔다. 화사한 도화에 파묻힌 아름다운 마을도 눈 아래로 보았다. 그러다 나는 어느 깊은 산중에 서 있었다. 바람이 불어 구름이 내 몸에서 휘어지며 물처럼 흘러갔다. 그 길은 가파른 오르막과 내리막을 반복하며 산꼭대기로 이어져 있었다. 나는 산꼭대기를 바라보며 걷기 시작했다. 비로소 산꼭대기에 다다랐을 때에야 그곳이 산이 아니라 아주 가파른 절벽임을 알았다. 절벽 아래로 내가 두 남자에게 쫓기기 시작한 도시가 까마득히 보였다. 바로 그때였다. 내가 있는 곳으로 두 개의 검은 물체가 불쑥 솟아올랐다. 나를 쫓아오던 검은 옷을 입은 거구의 남자들이었다. 그들은 나를 보자 기뻐 비명에 가까운 탄성을 질렀다. 그들의 웃는 얼굴에는 '너는 이젠 끝장났다!'라는 말이 쓰여 있었다. 나는 무엇을 생각할 겨를도 없이 절벽 아래로 몸을 날렸다. 하강하며 머리가 먼저 땅으로 떨어지고 있다는 것을 알았다. 죽기 전에 꼭 기억해내야만 할 일이 있는 것 같았지만 아무것도 기억해내지 못한 채 나는 죽을 때 많이 아프지 않았으면 좋겠다고 생각했다.

　정신을 차렸을 때 어떤 사람이 나를 안고 있었다. 그는 허름한 점퍼를 입은 중성이었다.

　"기특도 하지. 어떻게 뛰어내릴 생각을 다했어? 잘했어. 아주 잘했어."

그가 정성스레 나를 다독거리며 말했다. 나는 그가 천사라고 믿었다. 허름한 옷을 입은 평범한 인간의 모습을 한 천사. 그때 불현듯 그가 다름아닌 나 자신이라는 생각이 들었다. 기분이 좋았다.

잠을 깨우는 나의 기침이 늘 그러하듯 오늘 나를 깨운 기침도 쉽게 멎지 않았다. 간신히 기침이 잦아들어 살그머니 누워보면 다시 기침이 시작되곤 해서 몸을 눕히기도 겁이 났다. 나는 베개를 무릎에 올려놓고 상체를 구부려 기댄 채 사방을 둘러봤다. 날이 밝자면 먼 듯했다.

어려서부터 기관지 계통의 병을 많이 앓은 내게 기침은 천형 같은 것이었고, 어둠 또한 그랬다. 나는 가끔 자신이 세상을 인식하는 눈이 과거의 몇 가지 사건 때문에 형성되었다는 생각을 하곤 한다. 그중 하나가 기침이다. 기침 때문에 나는 어둠에 익숙해졌고 내 앞의 삶이 만만치 않을 것임을 예감했으며, 사람들에겐 저마다 그 누구도 대신해줄 수 없는 고통이 있다는 것을 알았다. 그때 나는 고작 초등학교에 다니고 있었고, 그것도 저학년이었다.

언젠가 읽었던 어떤 생물학자가 쓴 책에는 내가 앓았던 병 중의 하나인 백일해만 해도 사람의 뇌를 연속해서 망치로 두드리는 것과 같은 충격을 줄 만큼 치명적이라는 내용이 있었다. 왠지

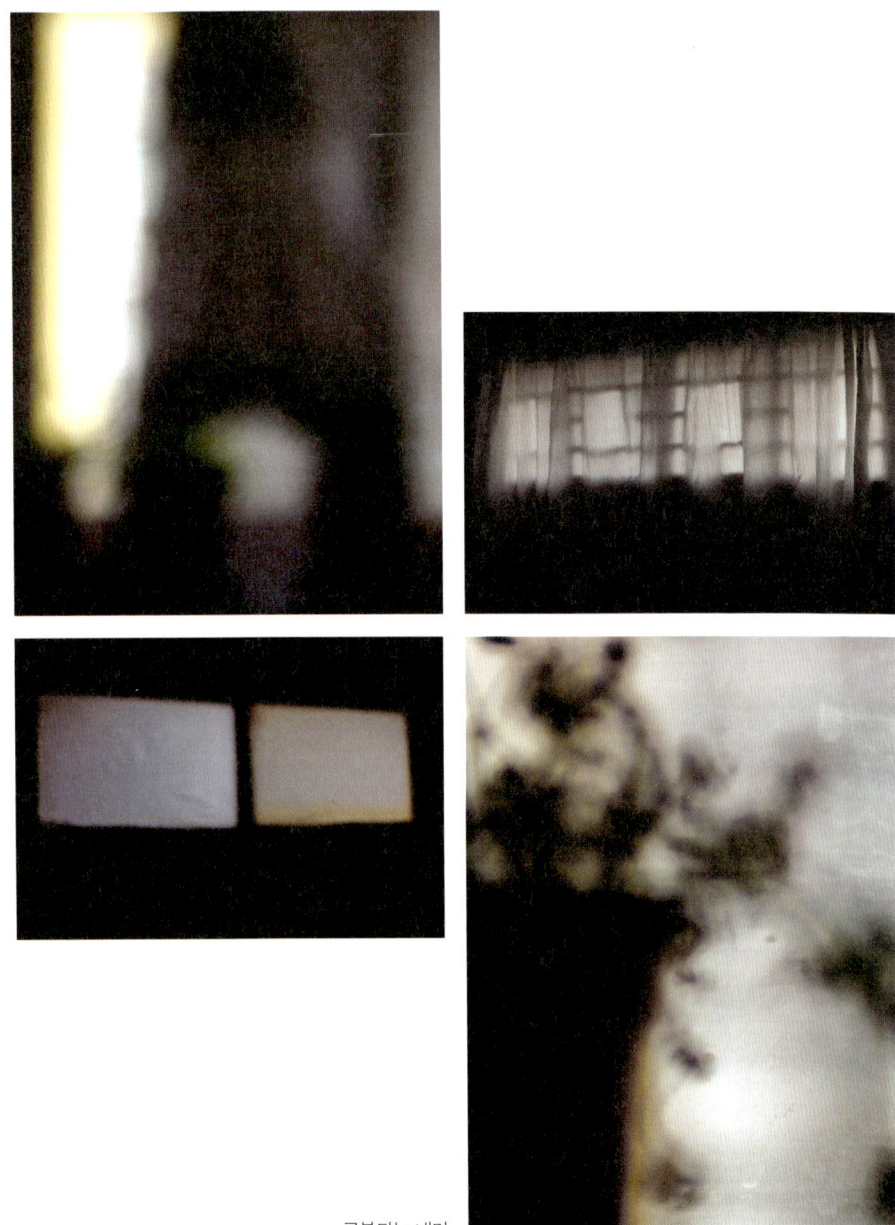

구분되는 내면

그럴 것도 같았다. 기관지 계통의 병은 특히 밤에 심해져서 나는 모두가 깊이 잠든 밤에 혼자 깨어 숨을 헉헉대곤 했다. 그러다 기침이 잦아들면 눈물을 닦고 숨을 고른 뒤 규칙적인 숨소리를 내며 자고 있는 가족들을 더없이 적막한 마음으로 내려다봤다. 같은 방에서 잠든 가족들과 나와의 거리가 천 리는 되는 듯 까마득했다.

그 지독한 기침 때문에 귀신이 씌었다며 굿을 하기도 했던 그 시절, 다시 기억하고 싶지도 않은 어느 날 새벽이 생각난다. 그 순간 나는 누군가가 제발 나 대신 아프게 해달라고 기도를 했다. 그때 내가 내려다보고 있던 사람은 바람만 불어도 날아가버릴 것 같은 바짝 마른 여동생이었다. 그 아이는 너무도 허약해서 오줌도 제대로 가려 누지 못했고 가느다란 목을 꼿꼿하게 세우지도 못한 채 가족들 속에 섞여 있었다. 곧 영혼을 짓이기는 죄책감이 어린 나를 엄습했다. 나는 그 엄청난 죄책감을 감당하지 못해 두 손으로 얼굴을 감싸며 목젖이 욱신거리도록 신음했다.

그 옛날 모두들 잠든 밤에 혼자 깨어 내장이 다 딸려나올 것 같은 기침을 쏟아내며 나는 죽음이 무서운 것이 아니라 죽음과 함께 오는 외로움과 육체의 고통이 무서운 것임을 알았다. 나의 일차적 문학 정서는 그 시절에 뿌리를 두고 있는 것도 같다. 문득 초등학교 4학년 때의 일이 떠오른다. 학교 교정에서 노란 은행잎이 떨어지는 것을 무심히 보고 있던 나는 가슴이 쿵 무너져내리는 충격을 받았다. 정말이지 나는 자연현상을 보고 그전에도 그 후에도 그토록 놀란 적이 없었다. 바로 그 순간 나는 두 가지를 깨달았다. 첫째는 나무가 가지고 있는 생물학적 특성으로 인해 한 생명이 수없이 죽어야 한다는 것(나무가 겨울잠을 자는 것을 어린 나는 그렇게 이해했다), 둘째는 그렇게 아름다운데도 죽을 수 있다는 것.

지금도 나는 가을에 노란 잎을 떨어뜨리는 은행나무를 보면 가슴이 서늘해진다. 그럼에도 여전히 나는 은행나무를 제일 좋아한다. 우왕좌왕하지 않고 자신의 신념대로 살아온 사람의 고고한 정신처럼 잔가지를 줄이며 곧게 뻗어나간 나무에서 느껴지는 품격 때문이다. 굳이 공자의 행단을 떠올리지 않더라도, 3억 5천년 전에도 지금과 똑같은 모습으로 지구에 존재했다는 은행나무의 생물학적 특성을 들먹이지 않더라도, 지금 내가 보는 귀품 있는 모습 그대로도 충분히 아름답다.

내게는 화석처럼 남아 있는 아름다운 자연 속 기억들이 있다. 햇볕을 받고 있는 널따란 도라지밭도 그중 하나다. 그 도라지밭은 과수원 한 자락을 다 차지한 채 커다란 연못 근처까지 기울어져 있었다.

도라지밭이 있던 과수원은 나의 아버지와 먼 친척 아저씨 두 사람의 공동 소유였다. 애초에 아버지는 마음 맞는 사람들과 노년을 보내려고 그 땅을 샀다. 하지만 아버지의 계획은 너무도 일찍 무산되었다. 그래서 마음이 맞는 추상적인 사람이 아닌 부권에 대한 구체적인 불만으로 가득 찬 우리들을 데리고 패배감에 젖어 계획을 앞당겨 그곳으로 거처를 옮겨야만 했다. 그 무렵 과수원의 공동 소유자였던 사람은 서울로 진출하여 어마어마한 재력가가 되어 있었다. 이성적이고 현실적인 그는 수완도 좋았지만 나의 아버지와는 달리 하는 일마다 운도 따랐다. 어느 해에는 우연히 신문에서 개인이 그해에 낸 세금 순위를 보다가 그가 삼성의 이건희 회장보다 세금을 더 많이 낸 것을 보고 놀랐던 적도 있다. 우리들이 하나같이 "설마 이 사람이 날마다 우리 집을 드나들던 바로 그 사람일까?" 했을 정도였다. 탈루 세액에 대한 얼마간의 추징금이 있긴 했지만 그가 그토록 부자가 된 줄은 그때서야 알았다.

우리는 반만 아버지의 소유인 과수원에서 몇 년간 살았다. 농사를 지어보지 않았던 아버지는 모든 것이 서툴렀고, 자포자기한 심정으로 술을 많이 마셨다. 아버지의 농사 솜씨는 말 그대로 엉망이었다. 그런데도 꽃만은 기가 막히게 가꿨다. 그 하나만도 충분히 미덕이었건만 우리는 대책 없이 낭만적이고 남의 말을 잘 믿고 가족들을 멍에처럼 무거워하는 아버지를, 꽃만 잘 피우는 아버지를, 싸늘한 시선으로 바라봤다.

어쨌거나 그곳의 도라지밭과 연못 근처에서 보낸 시간들을 나는 기억한다. 나는 그곳을 거닐며 내가 있는 세상이 어둠을 벗어

어둠을 뚫는 시선

나는 것을 보며 전율했고, 내가 살아 있는 바로 그곳에서부터 세상의 어둠이 시작된다는 사실도 깨달았다. 나는 그곳을 서성대며 외로움에 젖어 혼잣말을 하기도 했고, 내 삶이 걷잡을 수 없을 만큼 망가지고 있다는 사실도 깨달았다. 내 인생에서 가장 완전하게 나를 응시하며 조용하고 차분하게 흘려보낸 아픈 시간들이었다.

덩치가 너무 커서 절대로 팔리지 않을 거라던 그 과수원은 아버지의 손을 떠나 며칠도 지나지 않아 몇 배의 가격에 되팔렸다. 이제 우리 가족들은 새로 뚫린 고속도로를 달릴 때마다 누가 먼저랄 것도 없이 과수원이 있던 곳으로 고개를 돌린다. 나는 그곳이 눈에서 멀어질 때쯤에는 오래 전에 들었던 아버지의 말을 환청으로 듣기도 한다.

"우리 집은 딸년들 때문에 망했다."

아버지는 다른 집 딸들이 낙과를 주워 상한 부위를 도려내고 알뜰하게 먹는 것이 예사로 보이지 않았던가 보다. 그렇게 희생적이고 집안만 생각하는 딸들과 비교하면 우리 자매들은, 특히 나는, 아버지로부터 그런 말을 들어 마땅했다. 세상에 수없이 널려 있는 먹거리 중 과일을 가장 좋아하는 나는 아침마다 장대를 들고 과수원으로 가 가장 크고 맛있게 생긴 열매를 따서 과수원을 거닐며 먹곤 했다. 과일을 따다가 떨어지면 그건 그냥 버려두고 또 다른 탐스러운 과일을 향해 손을 뻗었다. 아버지는 그런 정신 상태로 살아가는 우리들을 못마땅해했고, 우리에게는 아버지와 비교도 안되는 현실적인 아버지들만 눈에 띄었다.

내가 얼마나 과일을 좋아했던지 어릴 때부터 내가 먹고 난 과일 찌꺼기는 확실히 표시가 났다. 수박은 붉은 속살을 조금도 남기지 않고 가지런한 치아 자국을 남기며 깨끗이 갉아먹었고, 사과는 투명한 씨방이 환하게 보일 정도로 남김 없이 살을 발라먹었다. 꼬마였던 내가 사과를 먹은 날은 온 동네가 다 알았다.

"은희 너, 사과 먹었지?"

씨방이 야들야들해지도록 살을 발라먹고 골목에 내던진 사과 찌꺼기를 보면 사람들의 머릿속에서는 대번에 내 얼굴이 떠오르는 것 같았다. 친구들의 어머니들도 내 이름은 헷갈려도 "엄마, 왜 있잖아, 수박을 깨끗이 먹던 친구" 하면 지금도 더이상의 설명이 필요 없이 나를 기억해낸다.

오늘도 나는 어둠 속에서 혼자 깨어 있었다. 어둠 속에는 늘 덮고 자던 이불 냄새가 난다. 몇 번이나 치받쳐오르는 기침을 간신히 삭인 후 숨을 고르고 창을 열자 멀지 않은 곳에서 징소리가 들려왔다. 환청인 줄 알았는데……. 잠 속으로 흘러들어온 그 징소리에 어린 시절의 내 모습이 상기되며 기침이 쏟아졌던가 보다.

우리 골목에서는 가끔 징소리가 들린다. 골목에서 징을 치는 할머니를 만나기도 한다. 무녀인 그 할머니를 보고 있으면 시간들이 눈앞에서 연어떼처럼 과거로 거슬러올라가는 것이 보인다. 굳이 프로이트나 융의 도움을 받지 않고도 나는 꿈속에서 가지고 다니던 두 개의 짐을 과거와 현재의 상징으로 해석해버린다.

과거야말로 내 삶에 가장 오랫동안, 가장 적극적으로 관여해왔다. 내가 현실적 삶을 거부하거나 수용하도록 하는 것도 직관이나 이성이 아닌 과거의 경험일 때가 많다. 심한 충격을 받았을 때에도, 삶이 뒤죽박죽되었을 때에도, 외로울 때에도, 찰나의 행복을 느낄 때에도, 내 의식은 고통을 감수하며 과거로 회유한다.

이기주의의 여러 모습들

　지방에 내려가 사는 친구에게서 온 전화를 받았다. 자주 만나지는 못해도 전화 목소리만은 자주 듣는 친구는 높은 목소리로 서울로 올라오는 용건을 말했다. 외국의 영재교육 담당 교수가 지금 한국에 와 있는데, 자신의 아이와 면담을 하기로 했다는 내용이었다. 늦게 결혼해 얻은 친구의 영특한 아이를 나도 여러 차례 본 적이 있지만 영재 운운하는 말은 뜻밖이었다. 그 아이가 명민하다는 것은 알지만 굳이 '평범한 대다수 사람의 삶'과는 다른 '극소수 인간들의 특수한 삶'을 선택해 살아야 할 정도인가 하고 생각하자 마음이 더 복잡해졌다. 옛날에 나의 형제 중 하나도 부모에게 그 같은 기대를 갖게 했고, 그 결과야말로 참담했기 때문이다.

얼마 전에는 나의 여동생으로부터 상담을 요청받은 적이 있다. 초등학교에 다니는 조카에게 해외 어학 연수를 보내는 것이 맞는지 틀린지 언니인 나의 의견을 묻는 내용이었다. 시류에 휩쓸려 내심 마음이 흔들리지만 누군가가 말려줬으면 하는 동생의 마음을 알아차린 나는 그럴 물질적 정신적 여유가 있으면 방학을 이용해 가족들과 절약하며 함께 여행이나 하라고 권했다. 가족과 함께하는 안전한 여행을 통해 아이들은 다양한 문화를 대하며 세계라는 무대에서 반드시 필요한 의사소통의 필요성을 스스로 깨닫게 될 테니 저절로 영어 공부를 열심히 하게 될 거라는 말과 함께. 동생은 기뻐하며 맞받아 말했다. 자신도 그렇게 생각하는데 주변에서 워낙 권하고, 조카의 영어를 가르치는 선생님이 직접 조카를 데리고 미국에 갔다오겠다는 지나친(!) 호의까지 보여 마음이 많이 흔들렸노라고. 동생과 나는 영어가 산소만큼이나 필수적이 되어버린 세태를 개탄하다 그만하자며 전화를 끊었지만 쓰디쓴 뒷맛이 오래갔다.

왜 사람들은 조화를 이루며 모두 함께 잘사는 세상을 꿈꾸지 않고 오직 자신만이 두드러지는 존재가 되는 세상에서 살지 못해 안달하는 걸까? 우리들은 대부분 한 가지 중요한 점을 간과하고 있는 듯하다. 자신이 아무리 독보적인 존재가 되어도 우리 사회가 균형 있게 발전하지 못하면 잘난 자신의 삶도 불행해질 수밖에 없다는 평범한 진실을 말이다. 이웃에서 들리는 비명소리가 날마다 잠을 깨우고, 만나는 사람마다 고통을 호소하고, 황폐해질 대로 황폐해진 사람들이 거리를 활보하고 다녀도 혼자 잘났다는 사실만으로 행복할 수 있을까? 아닐 것이다. 저 혼자 잘나서는 그토록 바라던 삶의 탄력도 행복의 의미도 변질될 것이다. 그런데도 우리들은 혼자만 시대에 뒤쳐질 수 없다는, 한번만 뒤집으면 반드시 자신이 앞서야 한다는, 그럴싸한 명분을 끌어대며 자신이 지존이 되는 세상을 꿈꾸곤 한다.

자원이 턱없이 부족한 우리나라의 경제는 세계 시장을 통해 발전되어야 하는 만큼 영어 교육의 중요성은 새삼 강조할 필요도 없을 것이다. 아무리 현실이 그렇다고는 해도 모든 국민이 유창하게 영어를 쓰며 살아야 할 날은 영원히 오지 않을 것이다. 정말로 잘사는 것의 기준 역시 남의 나라말을 유창하게 할 줄 아는 단순한 기능은 아닐 것이다. 자신이 기를 쓰고 배우고자 하는 언어를 쓰는 모체母體 역시 오랫동안 전승되어온 정신이 아닌 욕망만을 좇아 허덕대는 자들에게는 호락호락 따뜻한 젖을 물려주지도 않을 것이다.

욕심 많고 이기적인 사람들은 자기 자신이 아닌 가족들을 위해 지나치게 허리띠를 졸라매는 것을 거룩한 희생이라고 생각하는 것 같다. 그것 역시 이기주의라는 동전의 양면이라고 말하면 아마도 그들은 "너나 잘해!" 할지도 모른다. 그들의 말이 맞다. 나 역시 모두 함께 잘살아야 한다는 대의를 잘 지켜나갈 자신이 없

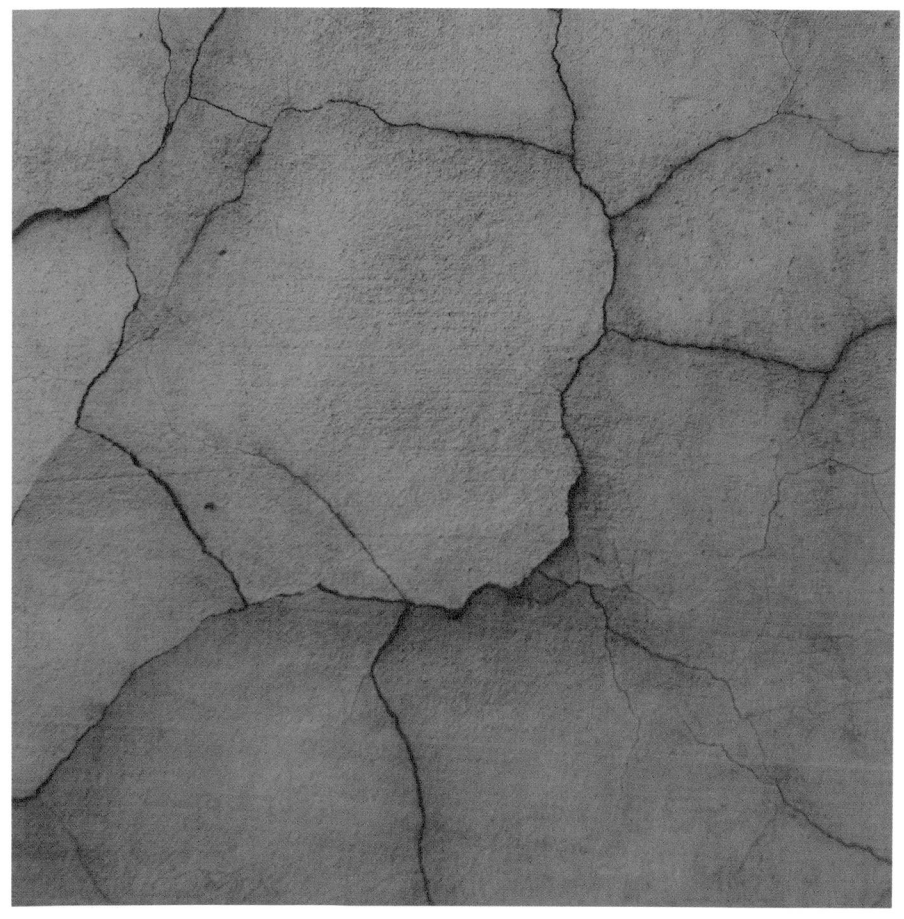

커다란 입 1

다. 그런 이유로 나는 자식이 없다는 치명적인 나의 불행에 감사한다. 같은 이유로 아내나 남편이 없다는 사실에도 감사한다. '가족(처자식?)을 가진 사람은 운명의 손에 인질로 잡혔다'는 영국의 철학자 프랜시스 베이컨의 말을 100퍼센트 공감하는 내가 결혼해서 일반적인 삶을 살았다면……. 남들보다 더하지 않다는 보장도 없다. 지금껏 말은 너그러운 척해왔지만 자식이 또래들로부터 처지는 일이 생기면 내 삶이 하루아침에 지옥이 될 것은 불을 보듯 뻔하다. 그런 일이 생기면 나는 다른 아이들의 뒤꽁무니만 쫓는 내 아이가 병원에서 바뀐 것은 아닐까 의심해 아이의 머리카락을 뽑아 들고 달려가 몇 년이나 품에 안고 기른 아이의 유전자 검사를 받을지도 모른다. 남들보다 더 힘들게, 더 천천히, 더 불행하게, 마지못해, 당면한 현실을 받아들일지도 모른다. 바람피우는 남편 때문에 속을 끓이는 친구를 보면서도 나는 비슷한 생각을 한다. 언젠가 남편이 애인에게 주려고 가지고 있던 반지를 보고 반쯤 미친 친구를 달래면서 나는 생각했다. 내가 만일 그런 일을 당했다면 내 남편이 다른 여자에게 보석 반지를 선물했기 때문에 결별할 것이고, 그가 지푸라기로 만든 반지를 선물했다면 특별한 반지를 선물했기 때문에 결별할 거라고. 그러면서도 가증스럽게 나는 친구에게 이성을 잃지 말 것을 당부했다니.

앞에서도 말했지만 옛날 우리 집에도 특별히 영리하다고 믿었던 한 아이가 있었다. 나의 큰언니였다. 잘난 큰언니를 둔 덕분에

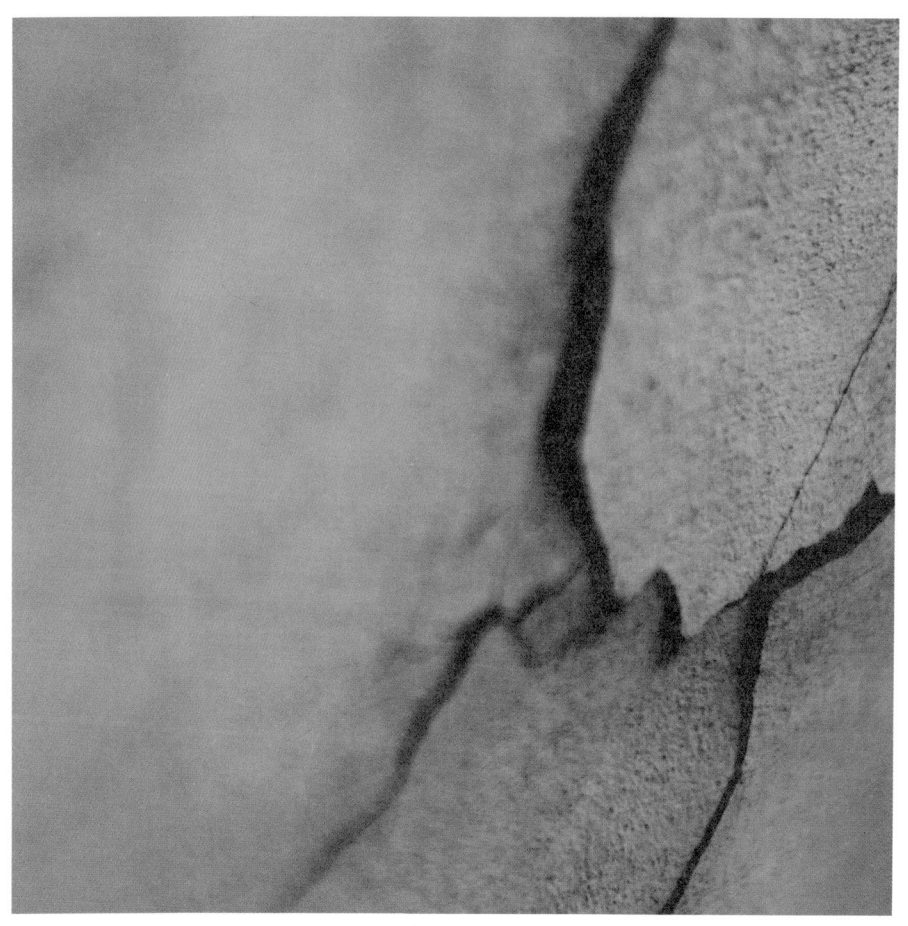

커다란 입 2

우리 남매들은 모두 각자의 인격체가 아니라 큰언니의 동생으로만 뭉뚱그려 통했다. 단언하건대 그녀는 우리가 살던 소도시에서는 가장 호화롭고 사치스럽게 살면서 세상 어떤 일에도 인내심을 발휘할 필요가 없었다. 모든 것이 그녀의 뜻대로 다되었다. 당연히 그녀는 일찍 망가졌다. 한때 그 자식을 자랑스러워했던 아버지는 매일 큰언니 때문에 기름솥처럼 끓었지만 이미 정신의 기본 구조가 잘못된 큰언니를 바로잡기란 쉽지 않았다. 아버지의 삶은 큰언니를 포기할 무렵 더없이 나른해졌다. 공부하는 것을 싫어해 주변의 끈질긴 만류를 뿌리치고 학업을 중단했던 과실을 늘 후회하며 살아온 나의 아버지가 영리하다고 믿었던 자식을 통해 얻고자 했던 것은 과연 무엇이었을까? 아버지는 왜 큰언니에게로 기울던 그 엄청난 관심을 우리 여섯 남매에게 골고루 나눠줄 생각은 하지 않았을까?

  자식의 영재 교육에 지대한 관심이 있는 친구의 집은 그다지 넉넉한 편이 아니다. 그런데도 친구는 아이를 데리고 서울로 올라와 소문난 선생님들을 찾아다닌다고 한다. 이제 나는 진심으로 내가 평범해서 그 아이의 천재성을 알아보지 못했기만을 바란다. 그래서 언젠가는 친구에게 "내가 둔해서 네 아이의 천재성을 알아보지 못했구나. 미안하다. 섭섭했지?"라고 웃으며 말할 수 있게 되기를 바란다. 그렇지만 지금 이 순간에도 나는 내 친구와는 상관없이 회의하고 있다. 왜 요즘은 자식에게 지나친 기대를 하

커다란 입 3

는 유형과 아예 자식을 버리다시피 방치하는 두 유형이 눈에 많이 띌까, 하고. 이처럼 극단적인 어른들 곁에서 성장하고 있는 아이들이 점점 고령화되고 있는 우리 사회를 어깨에 짊어져야 한다고 생각하면 한숨이 나온다. 노인 인구가 급격히 늘고 있는 우리 사회가 아이들에게 가르쳐야 할 것은 힘없는 자들의 삶을 기꺼이 감싸안을 수 있는 따뜻한 인성이지 온갖 종류의 경쟁을 통해 느끼는 승리감에 도취된 유아독존의 우월감이 아니기 때문이다.

일주일에 한 번 가는 대중목욕탕에서도 나는 눈에 띄는 사람을 만난다. 처음 봤을 때부터 그녀가 눈에 띄었던 것은 온몸에 뒤덮인 멍자국 때문이었다. 자꾸 만나다보니 생글생글 웃으며 먼저 말을 걸어와서 나는 그녀가 나보다 한 살 어리다는 것과, 우리 집 근처에서 카페를 한다는 것과, 그녀의 딸이 유학 중이라는 것을 알았다. 자신이 스스로를 평가하는 대로 그녀는 성격이 맵고 더러운 꼴을 대충 못 봐넘기는 불 같은 성격인가 보다. 그렇지 않고서야 마조히스트도 아니라는 그녀의 몸에서 검붉은 멍이 사라질 날이 왜 없겠는가.

가난하게 사는 사람들이 많은 우리 동네에도 자녀를 유학 보낸 가정이 많다. 그들은 어디서건 아이를 유학 보낸 나라를 들먹이며 마치 자신이 국제적으로 통하는 신분이라도 갖춘 양 말한다. 세상에, 영어가 두드리면 무엇이든 얻을 수 있는 도깨비 방망이라도 된단 말인가! 당치도 않은 태도다. 정말로 앞서간다고 생각되는 자들의 세계에 제대로 섞여들고 싶으면 단순히 언어만을 익히려고 할 것이 아니라 언어를 통해 표현되는 자존심도 함께 흡수해야 할 것이다.

나의 목욕탕 친구가 유학 중인 딸과 통화하며 원수 사이에도 하지 않을 욕설을 퍼붓는 것을 보고 있으면 마음이 참 심란하다. 딸은 자신들의 형편에 비해 쓰임새가 많은 것 같고, 엄마인 그녀는 때때로 자신이 술장사를 해서 딸을 그곳까지 보냈음을 강조하기도 한다. 이 나라에서도 충분히 살아갈 수 있는 평범한 아이를 먼 남의 나라까지, 자신의 말에 의하면 '더러운 술장사를 해서'까지 보내야만 하는 이유가 대체 무엇이란 말인가.

엄청난 독설과 분노에도 경제적 결핍을 주장하는 딸의 기세가 꺾이지 않으면 그녀는 이성을 잃고 펄펄 뛴다. 옆에 있던 나는 그녀가 "내가 술을 팔아서……" 할 때마다 실수로 "내가 몸을 팔아서……" 할까봐 마음이 조마조마해진다. 더 듣고 있기가 너무도 힘에 부쳐 나는 강제로 그녀의 전화기를 빼앗아서라도 그 아슬아슬한 대화를 중단시켜야만 할 것 같아 안절부절못한다. 정말이지 혼자 산다는 나의 치명적인 약점이 이토록 평화를 주게 될 줄 누가 알았으랴.

난해한 사랑이여

작년에도 올해도 피서를 가지 못했다. 하긴 말이 더위를 피하는 피서지 우리에게 여름휴가는 태양의 흑점으로 들어가는 것이나 마찬가지다.

우리 대가족이 해마다 불편을 감수하며 휴가를 같이 가는 것은 순전히 어머니 때문이다. 아니다, 아버지 때문이다. 하나뿐인 아내를 버려두고 아버지가 혼자 다니기 때문에 어머니를 적게나마 위로하려던 것이 우리들에겐 습관이 되어버렸다.

언제나 자식이 아닌 하나뿐인 남편의 보호를 받으며 바깥바람을 쐬고 싶어하는 어머니의 평범한 소망을 아버지는 깨끗이 묵살해버린다. 말없이 우리들 사이에 섞여 있지만 어머니는 늘 쓸쓸해보인다. 우리들이 뭉쳐서 여행을 가는 것이 어머니에게 조금이라도 위로가 되는지도 모르겠다. 아무리 좋은 뜻에서 시작된 행사지만 우리는 또 우리대로 그 여행에 적지 않은 부담을 느낀다. 많은 가족들이 함께 움직이는 것이 쉽지 않은 데다 숙소를 정하기도 여간 힘든 일이 아니기 때문이다. 그래서 휴가철이 다가오면 제발 이번에는 그 시끌벅적한 행사를 건너뛰었으면 하는 마음이 슬슬 생기기 시작한다. 그러다가도 더 있다가는 민박집도 못 잡겠다 싶은 시점이 오면, 그 보이지 않는 신경전에서 먼저 나가 떨어진 누군가가 "우리, 이번엔 어디로 갈까?" 하며 의견을 물어온다. 그러면 우리들 모두는 그 사람에 대한 원망으로 한 차례 흥분한 후 장소를 결정하고, 출발하는 그 순간부터 피로가 엄습하는 대가족의 여름휴가를 떠나는 것이다.

  우리가 2년 내리 여름휴가를 가지 못한 것은 어머니가 오랫동안 병원에 있기 때문이다. 어머니를 낳아준 외할머니는 유일한 혈육인 나의 어머니를 두고 일찍 세상을 떠났다. 그런 모계母系가 늘 마음에 걸릴 정도로 어머니는 옛날부터 많이 아팠다. 내가 처음으로 서울땅을 밟은 것도 어머니가 아팠기 때문이었고, 아버지를 이해할 수 있는 실마리를 얻은 것도 어머니가 입원해 있던 대학병원에서 극진히 어머니를 간병하던 아버지를 본 후였다. 우리들에게는 언제나 이기적인 모습만 보이던 아버지가 병원에서 명성을 날릴 만큼 헌신적으로 오랫동안 어머니를 간병하는 동안 지금은 흔적도 볼 수 없는 그 많던 아버지 친구들은 자식인 우리들이 듣든 말든 입을 모아 말했다.

"자네, 이젠 제발 좀 그만하게. 지금까지 병원에 갖다바친 돈이면, 처녀 장가도 몇 번 들었네."

처녀 장가라는 말만 들어도 거부감으로 구토가 치밀던 과거의 어느 시절, 어머니는 의사가 권한 대로 임종을 준비했다. 그때 아버지는 우리들을 모두 밖으로 내보내고 혼자 어머니의 유언을 들었다. 아버지는 여섯 자식이 태어난 날을 받아 적고, 그동안 고마웠다는 어머니의 마지막 말도 혼자서 들었다. 그때 어머니는 아버지의 어떤 점을 고마워했던 것일까? 가끔 어머니가 병으로 인한 극단의 히스테리 증세를 보이면 아버지는 얼굴이 벌개져서 외친다.

"그땐 내게 모든 게 고맙기만 하다더니! 조금도 원망이 없다더니!"

겨우 요즘에 와서야 나는 어머니와 아버지가 서로 사랑하고 있다는 것을 느낀다. 우리의 의식이 얇은 유리 공예품처럼 아슬아슬하고 감수성이 강력 스펀지 같던 어린시절에 그 사실을 알았다면, 우리들은 훨씬 정서가 안정된 채 잘 성장했을 것이다. 그렇지만 철없고 어렸던 우리들이 무척이나 난해한 부부의 사랑을 어떻게 이해할 수 있었겠는가.

작년 초여름, 광풍이 몰아치던 어느 날 오후, 나는 어머니가 다쳤다는 갑작스런 소식을 들었다. 늘 집에만 있는 어머니가 다쳤다면 집 안에서 미끄러졌거나 빈혈로 쓰러지며 타박상을 입었을 거라며 애써 가볍게 생각하려는 내 귀에 들리는 또렷한 말은, 어머니의 대퇴부가 부러졌다는 것이었다. 귀를 의심했지만 잘못 듣지 않았다. 늘 다니던 원자력 병원에서 수술을 할 수가 없어 근처에 있는 다른 종합병원으로 옮겨야 한다는 다급한 말을 끝으로 동생은 전화를 끊었다. 그날 나는 친구들과 이른 저녁 약속이 있었고, 울고 싶을 정도로 머리가 복잡한 상태로 그들과 함께 저녁을 먹었다. 우리가 후식을 먹을 때 다시 동생에게 전화가 왔다. 동생은 어머니가 있는 병원을 가르쳐준 뒤 또 서둘러 전화를 끊었다. 그 통화 때문에 같이 있던 친구들도 나의 어머니가 다친 것을 알게 되었다. 그들은 혼자 가겠다는 나와 같이 택시에 올랐고, 차비를 내줬으며, 황망한 나의 가족을 배려해 응급실 밖에서 나를 기다렸다.

응급실에서 어머니의 다리가 부러진 사연을 듣고 있자니 기가 막혀 말도 안 나왔다. 그날 남동생은 어머니를 병원까지 데려다주며 진료가 끝나면 전화하라고 당부한 뒤 잠깐 볼일을 보러 갔다고 한다. 그런데 그날따라 진료가 일찍 끝나 어머니는 조금씩 걷다가 버스정거장이 있는 데까지 갔다고 한다. 그곳에서는 올라타기만 하면 바로 집 앞에서 내릴 수 있는 수많은 버스가 어머니 앞에 멈춰 섰다. 그 순간 어머니는 버스를 타고 시장을 보러 다니

난해한 사랑이여　143

어머니―소멸하는 아픔

던 추억에 젖었을지도 모르겠다. 아니면 다시는 타보지 못할 버스를 탈 수 있는 인생의 마지막 기회라고 생각했을지도 모르겠다. 또 어쩌면 그만큼이라도 혼자 걸을 수 있다는 사실에 감사하며 생각 없이 버스에 올랐을지도 모르겠다. 그도 아니면 다친 어머니의 말대로 귀신의 조화였는지도 모르겠다.

건강한 사람에게 다리 하나 부러진 것쯤은 별일도 아니지만, 중병을 앓는 노인의 다리가 부러지면 문제가 정말 심각하다. 게다가 우리 어머니처럼 병이 많고 심장이 약해 전신마취가 위험한 사람에게 다리가 부러진 것은 생명을 위협하는 큰일이다. 몸에 악성 종양이 발견되었던 오래 전에도 수술 자체가 위험하다는 이유로 의사들이 수술을 권하지 않았던 나의 어머니는 남은 생을 다리가 부러진 채 살아야 하거나 부러진 다리 때문에 죽을 수도 있는 최악의 상황에 빠진 것이다. 어머니가 수술할 병원에 젊고 의욕적인 의사들이 많다는 사실마저 불안 요소로 작용한 채 수술을 위한 검사를 하는 데만 거의 일주일이 걸렸다. 어머니의 상태가 너무 나빠 검사해야 할 것들이 많았기 때문이다.

겨우 수술 날짜가 잡히자 아버지는 우리 남매들에게 일일이 전화했다.

"네 엄마의 마지막 가는 길이 될 수도 있으니 일찍들 와서 꼭 얼굴을 보도록 해라."

다음날 아침 일찍 병원에 갔을 때 어머니의 상태가 너무 좋지

조용한 열정

않았다. 어머니 역시 그 수술이 자신에게 얼마나 위험한지 알고 있었고, 마음의 준비가 덜되었던 것이다. 어떻게든 수술을 하려는 의사와 복통을 호소하는 어머니와의 오랜 실랑이 끝에 결국 수술은 연기되고 말았다. 수술을 위해 했던 수많은 검사 과정이 다리가 부러진 채 꼼짝도 못하고 누워 있는 어머니에게 고스란히 다시 남겨졌다. 정말이지 그 상황은 이 생각 저 생각 할 겨를도 없이 한순간에 죽는 것도 복이라고 생각될 정도로 암담했다. 한편으로는 이런 생각도 들었다.

'앞으로도 이처럼 기막힌 상황과 얼마나 더 맞닥뜨려야 할까.'

그때 병실 안으로 삼십대 후반의 남자가 들어왔다. 횡설수설하는 말을 듣고 그가 난폭 운전을 했던 버스기사라는 사실을 알았고, 나는 적잖게 놀랐을 그에게 진심으로 미안했다. 그 역시 우리 가족들처럼 지독히 운이 없었다. 어머니는 절대로 버스를 타서는 안될 사람이었다. 운이 없어 그는 그 순간 나의 어머니를 태우고 과속으로 차를 몰았다. 그런데 그 같은 마음도 잠시. 나는 점점 높아지는 그의 목소리를 들으며 그가 무척 다혈질이라는 사실과 그 성질 때문에 언제든 또 사고를 내고도 남을 사람임을 알았다. 그래서 화가 났고, 심란했다. 그가 수없이 많은 노약자들을 태우고 도로를 질주하고 있다는 사실이 무서울 정도로 그는 마음을 다스릴 줄 몰랐을 뿐 아니라 한번도 자신의 늙은 모습을 상상해 보지 않고 살아가고 있음을 말을 통해 그대로 노출했다. 그가 어머니를 찾아온 것도 진단서를 8주 이내로 끊으려는 성급한 의도였다. 그럼에도 불구하고 그 사고가 기록으로 남아 그가 먹고사는 일에 두고두고 장애가 된다는 말을 듣자마자 나는 편법을 써서라도 그가 원하는 대로 해주고 싶었다. 담당 의사가 코웃음을 치기 전까지는.

그로부터 며칠 후 어머니가 수술실로 들어간 뒤 초조한 마음을 달래며 수술실 앞을 지키고 있을 때 내가 한번도 어머니에게 마음껏 쓰라며 용돈을 준 적이 없었다는 사실이 그렇게 마음 아플 수가 없었다. 어머니가 최소한 경제적으로 풍요로웠다면, 그 몸을 한 어머니를 귀신도 버스에 태우지는 못했을 거다.

내가 십대였을 때 어머니는 우리 가족의 생계를 책임지는 힘든 삶을 한동안 살았다. 길다면 길고 짧다면 짧은 내 인생의 그 기간 동안 나는 가장 불행했고, 가장 위험했다. 불행해보이는 어머니의 삶은 나를 송두리째 흔들었고, 또한 위험하게 흔들리는 나를 잡아주는 유일한 대상이기도 했다. 그때의 내가 얼마나 위험하고 미성숙했는지를 단적으로 보여주는 사건이 있다.

십대의 어느 날, 나는 친한 친구들에게 여행을 가자고 했다. 어머니가 희생해서 번 돈을 온 가족이 겁없이 펑펑 쓰며 살던 시절이었다. 친구들은 좋아라 했고, 그중 한 친구가 우리끼리 가면 너무 위험하니까 자신의 오빠를 데리고 가겠다고 했다. 나도 잘 알고 있는 친구의 오빠와 같이 가는 것이 훨씬 안전하겠다 싶어 그렇게 하자고 했다. 친구의 오빠는 그 도시에서 태권도를 가장 잘 했는 데다가 테니스까지 잘 치던 건강한 남자였다. 그런데 막상 여행을 가려고 하자 선생님들이 했던 말이 생각나 마음이 찜찜했다. 그때 우리나라에는 유례 없는 가뭄이 들어 농가의 걱정이 여간 아니었고, 선생님들은 그 고통에 우리들도 동참해야 한다며 얌전하게 집에만 있으라고 종례 때마다 당부했다. 그래도 철없는 우리들은 그 여행을 강행했다.

여행을 가던 날, 친구 오빠는 길에서 만난 친구 두 명을 달고 기차역에 나타났다. 그래서 여자 셋 남자 셋이 된 우리들은 그 구성이 절묘하다는 사실도 깨닫지 못한 채 기차를 탔다. 우리가 갔던 산은 이미 들어 알고 있던 명성보다 훨씬 아름다웠다. 그래서 제1폭포 쯤에서 하산해야 했던 우리들은 풍경에 취해 제3폭포를 향해 걸었고, 숨이 턱에 닿은 채 기차역에 도착해 간신히 돌아오는 기차를 탈 수 있었다. 그런데 그 기차에는 주말을 이용해 대도시에 있던 집에 다녀오던 우리 학교의 젊은 선생님들이 여러 명 타고 있었다. 우리들은 운이 없게도 그들이 모여 있는 칸에 올라 탔고, 그야말로 현행범이 되고 말았다. 선생님들은 우리를 보며 혀를 끌끌 찼지만 철없는 우리는 사태의 심각함도 제대로 인식하지 못했다. 빠듯한 일정 때문에 하루종일 굶다시피했지만 결코 배고픔을 느낄 수 있는 상황도 아니었다. 그런데도 나는 배가 고팠다. 그래서 홍익회 직원이 지나갈 때 먹을 것을 사서는 우리들끼리만 먹을 수가 없어 선생님들에게도 갖다줬다. 그러자 선생님들은 하나같이 그 많은 승객들이 다 보는 데서 우리가, 더 정확히는 내가, 자신들을 놀렸다며 노발대발했다. 그런 망신이 없었다. 그래서 분이 난 내가 먼저 보란듯이 그것들을 먹어치우며 옹졸하다고 생각되는 선생님들을 무시해버렸다. 다른 아이들도 억지로 활짝 웃으며 우적우적 먹어대는 나를 따라했다.

다음날 학교에 가서야 나는 우리들의 죄명이 얼마나 어마어마한지 알았다. 우리들은 짝을 맞춰(우리들의 구성이 그토록 절묘했다는 것을 그때서야 알았다) 학생의 신분에 어긋나는 여행을 했고, 기차 안에서 웃고 떠들었으며, 많은 사람들 앞에서 내놓고 선생님들을 조롱했다는 것이다. 집안의 어른들이 늘 제자리를 지키지 않는다는 것이 그런 것이었던지 온 학교가 발칵 뒤집히고 나서야 제일 마지막에 부모님이 그 일을 알게 되었다.

나의 어머니는 언제 어떤 상황에서도 나를 믿어줬고, 또 지금까지 믿어주지만, 그때 내 말보다 담임의 말을 먼저 들은 어머니는 충격을 받아 자리에 눕고 말았다. 그렇지만 어머니는 내가 징계를 받도록 보고만 있을 수가 없어 곧 자리에서 일어났다. 어머니가 학교에 불려가고, 담임이 집으로 찾아오는 일이 계속되자 뒤늦게 그 사실을 안 아버지까지 화병으로 자리에 눕고 말았다.

우리가 그때까지 처벌을 받지 않은 것은 정학이냐 퇴학이냐를

놓고 담임과 다른 선생님들과의 의견이 팽팽하게 맞선 채 조절되지 않았기 때문이었다. 선생님들은 우리들에게 단 한번의 소생 내지는 변명의 기회도 주지 않았지만 뒤늦게 내 말을 들은 어머니는 모든 상황을 그대로 믿어줬다. 어머니가 제일 먼저 나를 이해한 코드는 내가 엉뚱하다는 것이었고, 두번째는 나에 대한 무조건적인 신뢰였다. 늘 문제를 만들긴 했지만 어머니에겐 나에 대한 절대적인 신뢰가 있었다. 그때부터 나의 어머니가 나를 대신해 반성문을 썼고, 어머니가 나를 대신해 선생님들에게 자비를 호소했다. 학교가 발칵 뒤집혔던 그 일로 우리가 아무 처벌도 받지 않았던 것은 가여운 나의 어머니가 간과 쓸개를 학교에다 갖다 바쳤기 때문이다.

가끔 어머니에로만 쏠리는 자식들의 마음 때문에 아버지가 외롭겠다는 생각이 들 때가 있다. 하지만 어떡하랴. 아버지는 꿋꿋하게 자신을 중심에 놓고 살아왔고, 병들고 늙은 나의 어머니는 아직도 가족들을 삶의 중심에 놓고 살고 있는 것을.

보이는 것보다 더

　밤에 경희궁 공원을 산책하다 나는 그 자리에 얼어붙고 말았다. 작년 이맘때 죽은 우리 골목 아주머니가 살아서 내 쪽으로 걸어오고 있었다. 그녀는 몹시 흥분해 있어 멀리서도 얼굴의 홍조가 보이는 듯했다. 늘 입고 다니던, 검은 바탕에 화려한 꽃무늬가 있는 블라우스에 검은색 칠부 바지를 입은 그녀를 잘못 봤을 거라며 정신을 모아 다시 봐도 영락없는 그녀였다. 나는 화살에 꿰인 짐승처럼 꼼짝도 못한 채 그 자리에 서 있다가 그녀가 눈앞에 왔을 때에야 그녀의 손을 움켜잡고 걷고 있는 건장한 체구의 육십대 남자를 알아보았다. 그는 죽은 그녀의 남편이었다. 그들이 나를 지나쳐 경희궁 공원 뒷숲으로 들어가는 것을 넋놓고 바라보던 나는 뒤늦게 그 여자가 죽은 사람이 아니라 죽은 사람과 믿어지지 않을 만큼 닮은 다른 사람임을 알았다. 죽은 아내와 몸매, 머리 모양, 걸음걸이, 옷 입는 취향까지 흡사한 사람을 남자는 어디서 찾아낸 것일까.

거리에서 수없이 많이 봤던 욕정에 겨운 연인들과 똑같은 모습의 그들이 사라진 경희궁 공원 뒤편 숲 속에는 남자의 집으로 통하는 쪽문이 있다. 그의 집과 나란히 줄지어 있는 우리 골목의 집들은 하나같이 경희궁 공원으로 바로 나가는 쪽문을 하나씩 가지고 있다. 그의 아내가 살아 있던 작년 여름, 나는 그 집 쪽문을 통하여 경희궁 공원 안으로 들어갔고, 그곳에 있던 체육 시설을 이용해 스트레칭도 했다. 그날 여자는, 경희궁 공원과 벽을 공유하며 언제든 공원 안으로 들어가 넓은 숲을 정원처럼 거닐 수 있는 그녀의 특혜를 부러워하는 나를 흐뭇하게 바라보면서도 자꾸만 시간에 신경을 썼다. 초조해보였다. 나는 곧 그녀의 남편이 오토바이를 타고 집에 점심 먹으러 오는 열두 시가 가까워온다는 사실을 상기해 서둘러 경희궁 공원 뒷마당에서 그녀의 집으로 들어갔고, 그 집 마당을 가로질러 우리 골목으로 나왔다.

그녀의 남편이 가족들에 의해 정신병원에 오래 감금된 경력이 있을 만큼 폭력적이라는 말을 이웃들로부터 들은 것은 그녀가 죽을 무렵이었다. 말만 들었지 나는 한번도 그녀가 맨발로 집을 뛰어나와 이 집 저 집 대문을 두드리며 사람 좀 살려달라고 외치고 다니는 것을 보지 못했고, 외출에서 돌아오는 그녀에게 뜨거운

물을 양동이째 들이붓는 그녀의 남편도 보지 못했다. 그가 젓가락을 불에 달궈 그녀의 몸을 쑤셔대는 잔혹하고 엽기적인 장면은 더더욱 보지 못했다. 하지만 이웃들에게도 상식을 초월하는 못된 짓을 하는 그를 볼 때마다 아내에게 그런 짓을 하고도 남을 위인이라는 생각마저 지울 수는 없었다.

예순을 넘은 그가 죽은 자신의 아내와 복사한 듯 똑같이 생긴 여자의 손을 움켜잡고 아무도 보는 사람이 없을 거라고 확신한 얼굴로 자신의 집 쪽문을 향하여 걸어가는 모습을 본 내 마음은 한마디로 기묘했다. 나는 그 이상한 마음을 고스란히 간직한 채 10여 분을 걸어 그의 집 대문과 우리 집 대문이 있는 골목으로 돌아왔다.

나는 자신이 보이는 것 이상으로 보고 느낀다는 생각 때문에 괴로워했던 적이 한두 번이 아니다. 보이는 만큼만 보고 느끼면 좋을 텐데 자신도 모르는 사이에 나는 다른 사람의 태도와 말투에서 수없이 많은 종류의 복선을 느끼고, 그 느낌은 그들과의 관계에 보이지 않는 선입견을 만드는 것을 느낀다. 그 마음을 들키지 않으려고 나는 필요 이상으로 친절해지기도 하고, 아예 관계 자체를 거부해버리기도 한다.

옛날 나의 어머니는 날마다 우리 육남매를 발가벗겨 깨끗이 목욕시킨 후 잠자리에 들게 했다. 연탄 아궁이 위에 올려진 몇 양동

벗겨내다

이의 더운물이 부족할 정도로 어머니는 우리들을 씻기고 또 씻겼고, 그 일을 끝낸 다음에는 더럽혀진 운동화를 빨아 연탄 아궁이 곁에 널어 말렸다. 덕분에 어디에서 살든 우리들은 그 동네에서 제일 깨끗한 아이들이었다. 그러다 먼 곳에 있는 친척집에 초상이라도 나서 어머니가 집을 비워야 하는 일이 생기면 우리는 씻지 않아도 된다는 사실 하나만으로도 기뻐 날뛰었다. 하지만 어머니를 대신해 우리를 돌봐줬던 사람은 우리를 어머니와 똑같은 방법으로 씻기는 것이 어머니에 대한 신의를 지키는 것이라고 생각했던지 악착같이 우리들을 홀랑 벗겨놓고 벅벅 문질러 씻기곤 했다. 어려도 나는 그 손길이 어머니와는 다르다는 것을 알았다. 그것이 싫어 나는 씻지 않겠다고 그 손을 뿌리쳤고, 그 손은 점점 더 거칠게 내 손목과 어깨를 잡아당겼다. 그러다가 결국은 어느 순간 그 손이 '넌 아주 구제불능이구나' 하는 의미로 나를 뿌리치는 것으로 그 소동은 끝이 났다. 자초한 일이지만 나는 마지막으로 나를 세차게 뿌리치던 그 매몰찬 손길 때문에 얼마나 마음이 고됐는지 모른다. 너무도 어리석은 나는 차선次善이라는 것을 몰랐다.

어려서 유난히 고집이 셌던 나는 그토록 매몰차게 나를 뿌리치던 손길을 수도 없이 기억한다. 내가 무조건적으로 보호받을 수 있는 그 손을 다시 잡는 방법은 용서를 빌거나 한 번의 기회를 더 달라며 애원하는 것임을 어린 나도 모르지 않았다. 그도 아니면 상대방이 혼란을 느낄 닭똥 같은 눈물만 뚝뚝 떨어뜨려도 소생의 기회가 한번쯤은 더 온다는 사실도 알았다. 그런데도 나는 그렇게 하기는커녕 분에 겨워 식식대며 나를 밀쳐냈던 자를, 더 정확히는 내가 먼저 손길을 거부했던 자를 잡아먹을 듯이 노려보곤 했다. 나는 그들로부터 내쳐질 만했다.

나의 졸업식장에는 단 한번도 가족들이 오지 않았다. 내가 사회에서 만난 친구들에게 그 말을 하면 그들은 '거짓말이지?' 하는 표정으로 나를 바라본다.

내가 초등학교를 졸업하기 전날, 가족들이 둘러앉아 누가 나의 졸업식장에 갈 것인지를 놓고 의논하고 있었다. 내가 보기에 그들은 서로 나의 졸업식에 오려고 하는 것이 아니라 서로 다른 사람을 보내려 하는 것 같았다. 그들을 보는 어린 나의 마음이 무척 냉소적이었다.

"오지 마!"

화가 난 것도 아니었는데 나는 더할 수 없이 무뚝뚝하게 말했다. 가족들은 '얘가 또 왜 이래?' '우리가 뭐 말실수라도 했나?' 하는 얼굴로 서로서로 눈빛을 주고받다가 나를 쳐다봤다. 나는 더 단호하게 내 의사를 밝혔다.

"누구라도 오면 내가 안 갈 거야!"

너무도 나를 잘 알고 있던 가족들은 다시 한번 그것이 나의 진심인지 물었고, 정말로 아무도 졸업식장에 나타나지 않았다. 그래서 나는 차분한 눈길로 졸업하는 아이들과 학부모들과 우리들을 떠나보내는 선생님들을 살펴볼 수 있었다. 졸업식장에서 나는 몹시 슬퍼 눈물을 흘렸지만 그 슬픔이 졸업식장에 나타나지 않은 가족들에 대한 섭섭함 때문은 맹세코 아니었다. 나는 거리낄 것 없이 홀가분한 상태로 졸업식장에 앉아 내 방식대로 그 의식에 참여했던 것이다.

한번도 가족들이 졸업식장에 오지 않았음에도 불구하고 내 졸업식 때 찍은 사진이 딱 한 장 있다. 고모부의 조카가 나와 같은 학교 같은 학년이라 바쁜 고모부를 대신해 졸업식장에 왔던 고모는 꽃다발 하나 손에 들지 않고 물의 기름처럼 겉돌고 있는 나를 보자 경악을 금치 못하더니, 재빨리 누군가가 들고 있던 꽃다발을 빌려와 안기고는 강제로 사진을 찍었다. 억지로 사진을 찍어야 했던 그 사진 속 내 얼굴 표정의 의미는 나만이 알고 있다.

어렸을 때 나는 개구쟁이로 통했다. 자라면서 급격한 환경의 변화를 겪지 않았다면, 어쩌면 나는 명랑하고 활달한 사람이 되었을지도 모른다. 입을 꾹 다물고 있으면 고집이 뚝뚝 흐르는 미운 얼굴이었지만, 웃으면 사람들은 하나같이 내가 귀엽다고 말했다. 그런데 나는 그들로부터 사랑받을 마음이 전혀 없었던지 잘 웃지 않았다. 나는 분명 겁이 많았지만 가끔은 죽음도 무섭지 않을 만큼 당찼고, 그때 그때 생각대로 행동했다. 내가 무슨 일인가를 해놓고 보면 그것은 대부분 금기 사항이었다. 영화도 내 삶 속으로 그렇게 들어왔다. 단언하건대 그 시절 초등학생의 신분으로 나처럼 성인 영화를 많이 본 아이도 없었을 것이다.

나의 아버지는 내가 개구쟁이로 통하던 그 무렵 영화관으로 술집으로 여행지로 떠돌았다. 그런 아버지를 따라 나는 종종 영화를 보러 갔지만 아버지는 내가 자신을 뒤따라갔다는 사실을 전혀 몰랐다. 표를 내고 극장 안으로 들어가는 자신의 등뒤에 당돌한 딸이 껌처럼 붙어 있으리라고는 상상도 못했던 것이다. 당시 시골 인심은 덤이 성행했다. 이를테면 나는 아버지가 받는 문화 혜택의 덤을 챙긴 것이었다. 극장에서 표를 받던 사람은 어른에게 묻어온 열 살 남짓한 아이를 반기지도 않았지만 저지하지도 않았다. 컴컴한 영화관 안에서 나는 아버지로부터 몇 자리 떨어져 앉지도 않았지만 나의 존재를 알 리 없는 아버지는 한번도 주변을 살펴보지 않았다. 그토록 아버지를 따라 자주 영화관을 들락거렸지만 아버지가 나를 발견한 것은 딱 한번뿐이었다. 징그럽게 생긴 남자 배우가 아름드리 나무 쪽으로 여배우를 밀어붙여 두 팔 안에 가두고 묘한 분위기 속에서 입을 맞추려고 하자 "어머, 선생님 왜 이러세요, 왜 이러세요……" 하는 간드러진 여자의 말이 흘러나올 때였다. 그 몽롱한 분위기에 찬물을 끼얹는 현실 속의 목소리에 나는 정신이 퍼뜩 들었다.

"네가, 여기, 웬일이냐?"

그 길로 나는 극장 밖으로 쫓겨나왔다. '뭐 이런 딸애가 다 있담' 하는 속마음이 고스란히 담긴 아버지의 목소리는 너무도 엄해 그곳에서 더 버틸 수가 없었다.

내가 다방에서 차를 마신 것도 그 무렵이었다. 아버지는 영화가 끝나면 그냥 집으로 돌아가지 않고 꼭 다방에 들러 차를 마셨다. 내가 다방에 갈 마음만 있다면 방법은 간단했다. 아버지보다 조금 빨리 영화관을 빠져나와 적당히 떨어져 걷다가 우연히 그 길에서 아버지와 마주친 것처럼 하면 됐다. 물론 아버지는 자진해서 나를 다방으로 데리고 가지는 않았다. 역시나 아버지가 앞장서서 가는 다방의 삐거덕거리는 나무 계단을 밟고 뒤따라 올라가 얌전히 있으면 별탈 없이 나는 아버지의 문화를 덤으로 누릴 수 있었다. 곱게 한복을 차려입은 다방 아가씨들은 내가 마시는 차에 신경을 쓰며 아버지 근처를 서성거렸다. 나는 따뜻한 차나 사이다를 마시다가 적당한 순간에 그만 집으로 가라는 아버지의 말을 거역하지 않고 자리에서 일어났다. 뭔가 미흡해서 밖으로 나오기 전에 뒤를 돌아보면 내가 앉았던 자리에는 어느새 한복 차림의 아가씨가 앉아 아버지를 바라보며 웃고 있었다.

젊은 시절 아버지는 밖에서 인기가 무척 좋았던 것 같다. 아버지의 인기 유지를 위해서 어머니가 허리띠를 더 졸라매야 했다는 것이 늘 문제였지만. 그러던 어느 날이었다. 아버지가 갑자기 다방은 아이들이 오는 데가 아니라며 화를 냈다. 갑자기 돌변한 아

틀 속, 틀 밖 1

버지에 대한 서운함 때문에 나는 그후 다시는 아버지의 덤을 받지 않았다.

직장생활을 하면서 나는 남자들이 가을을 많이 탄다는 사실을 알았다. 봄이 되면 여자들의 옷이 화사해지고 마음이 들뜨는 데 반해 남자들의 시선은 가을이 되면 자주 창밖으로 향했다. 그들은 들뜬 시선을 창밖으로 던지며 연애에 대한 기대를 가을볕의 사과처럼 익혔고, 농담도 진해졌다. 옛날 나의 아버지라고 무엇이 달랐겠는가. 아버지가 우리 세대만큼이라도 문화 혜택을 누릴 수 있었다면 요즘 우리에게 익숙한 성실하고 가정적인 아버지들처럼 그의 삶도 가족으로부터 많이 벗어나지는 못했을지도 모른다. 아버지를 흔들었던 집 밖의 유혹은 적당히 삶을 탄력 있게 했을 테고 우리들에겐 풍류를 아는 특별한 아버지로 기억될 수도 있었을 것이다.

어려서부터 이상한 방법으로, 그것도 무작위로 영화를 봤던 나는 성인이 되어서도 비교적 사전 정보 없이 영화를 보는 편이다. 영화를 보기 전에는 되도록 줄거리를 알려고 하지 않고, 그 흔한 영화평이나 영화 관련 잡지도 읽지 않는다. 그때 그때의 감성대로 받아들이는 영화는 반드시 이해해야만 직성이 풀리는 책과는 다른 영양분을 내게 공급한다. 물론 어떤 영화인지 알고 보는 영화도 많다. 그중 가장 기억에 남아 있는 영화는 〈스팅〉이다. 〈스

틀속, 틀밖 2

팅〉은 내가 일찍이 중학교 때 봤지만, 고백하자면 한 장면도 제대로 못 본 영화이기도 하다. 끝까지 보지 못한 그 영화 때문에 나는 영화 밖 현실 속 사람들이 자신의 소신을 실천해가는 방법의 중요성을 깨달았다.

  영화는 나에게 다른 세상이 있다는 사실을 가장 확실한 감각 기능을 통해 전달했지만, 내가 영화를 통해 다른 세상으로 연결된 문고리를 잡을 기회는 많지 않았다. 그때는 학교에서 말썽을 부린다는 아이가 고작 빵집이나 분식점을 들락거리던 시절이었다. 다시 말해 영화관에 갔다가 들켜 교칙에 따라 징계를 받는 일이 잦던 시절에 나는 〈스팅〉을 보러 영화관에 갔다. 그랬다, 〈스팅〉이 그 소도시에서 개봉될 때만 해도 선생님들은 우리에게 학생의 신분으로 절대로 영화관에 가지 말 것을 당부했다. 지금은 초등학교에서 단체로 관람해도 무난할 영화지만 그 당시의 교육적 잣대로는 마음먹고 사기판을 벌이는 자들이 주인공인 그 영화의 관람은 우리에게 허용되지 않았다. 하지만 나는 일곱 개 부문에서 오스카상을 휩쓴 〈스팅〉만큼은 놓치고 싶지 않았다. 그래도 혼자 가기엔 겁이 나서 공부 잘하고 미모까지 빼어난 친구를 꼬셔 함께 영화관엘 갔다.

  우리는 절대로 들키지 않기 위해 화장실에 숨어 있다가 본영화가 시작된 후 어두운 영화관 안으로 들어갔다. 좀더 우리가 신중하려고 했다면 문에 쳐진 커튼 뒤에 숨어 눈조리개를 키운 다음

틀속, 틀밖 3

잽싸게 빈자리를 찾아 앉았어야 했는데, 영화가 시작되었다는 조급한 마음에다 누가 볼까봐 무서워 서둘러 더듬거리며 아무 데나 자리를 잡고 앉고 말았다. 자리에 앉아 숨을 돌리기도 전이었다. 뒷자리에 앉은 사람이 사이다 병으로 내 머리를 툭툭 쳤다. 순간 불쾌감이 온몸으로 퍼져나갔다. 내가 꼼짝도 않고 가만히 있자 그가 다시 내 머리를 처음보다 더 세게 때렸다. 불쾌감이 수치심으로 바뀌었지만 여전히 나는 뒤쪽에 온 신경을 곤두세운 채 앞만 보고 앉아 있었다. 내가 가만히 있자 언제까지 그러고 있는지 보겠다는 악의가 담긴 뒷사람의 행위가 계속 이어졌다. 드디어 나는 뒤를 돌아봤다. 죽기밖에 더하겠냐는 독기로 뒤를 노려봤지만 겁을 먹은 탓인지 충분히 커지지 않은 눈조리개 탓인지 뒷사람의 형체만 꺼멓게 눈에 들어왔다. 그리곤 벌떡 일어나 그와 가장 많이 떨어진 제일 뒷자리로 자리를 옮겨버렸다. 머릿속에 가래처럼 붙어 있는 불쾌감을 빨리 떨쳐내고 영화에 몰입하려 애쓰고 있을 때 누가 뒤에서 내 귀에다 입을 바짝 대고 역겨운 입김을 불어넣으며 말했다.

"너, 조은희 맞지?"

잔인하고 징그러운 목소리였다. 그는 우리들의 선생님이었다. 그 무렵 그는 우리를 가르치던 그 지방 출신의 여선생님과 결혼을 하기 직전이었다. 그가 쾌재를 부르며 돌아간 뒤 조금 전 우리가 앉았던 곳을 내려다보니 밝아진 화면 덕분에 그와 결혼을 앞

둔 여선생님의 뒷모습이 선명하게 보였고, 그 주변으로는 우리 학교 선생님들이 우글우글했다. 우리는 운 없게도 호랑이의 송곳니 위에 걸터앉아 있었던 것이다!

교칙을 어기고 영화관에 간 것은 분명 잘못했지만 나의 잘못과 비기고도 남을 만큼 비인간적이었던 선생님의 행동도 잘못되었다고 주장했던 나는 끝까지 용서를 구하지 않았다. 그래서 불쌍한 나의 어머니가 또 학교로 불려가야만 했다. 비교적 잘 넘어갔지만 그 사건은 언젠가는 깨뜨릴 나의 고정관념을 앞당겨 깨는 데 한몫했다. 나는 모든 선생님들이 훌륭한 것은 아니라는 사실을 그때 분명히 알았고, 선생님들이 마음만 먹으면 자아가 강한 제자들의 인생을 얼마든지 망칠 수도 있다는 사실도 알았다. 나는 또 알았다. 자신이 옳다고 생각하는 일을 실천해가는 방법 역시 결과만큼이나 중요하다는 사실을. 중학생 신분으로 스승을 통해 그런 것을 깨달았으니 비록 나는 모범생은 아니었을망정 체험을 통해 자신의 인생관을 확립하는 능력이 떨어지는 아이는 아니었던 것 같다.

경희궁 공원에서 봤던 남자가 앞뒤도 보지 않고 오토바이를 몰고 골목으로 달려 들어오면 골목에 있던 사람들은 기겁을 하며 몸을 벽에 붙인다. 그런데 오늘은 이사온 지 3, 4년 만에 처음으로 그가 골목에 나와 비질하는 것을 보았다. 또 언젠가는 그가 경희궁 공원 담벼락을 따라 심어놓은 나무에 물을 주는 것도 보았다.

무엇인가를 자기만의 시각으로 뚫어지게 바라봐야만 직성이 풀리고, 그것 때문에 세상과 마찰하며 자기 양심에 시달리는 것이 어쩌면 시인의 시각인 것도 같다. 랭보 식으로 표현하면 그것은 천형과도 같은 견자見者의 시각이다.

엉뚱한 날들

　많은 사람들이 자기 자신이 어떤 사람인지 잘 안다고 믿으며 살아갈 것이다. 맞기도 하지만, 틀리기도 쉬운 믿음이다. 옛날에 알고 지내던 사람을 만날 일이 있으면 과거에 자신이 어떠했는지 한번 물어보라. 그들의 기억에 남아 있는 자신의 모습이 낯설어 기분이 이상해지는 경험을 하게 될지도 모른다. 그들의 말을 듣다보면 소극적인 줄 알고 있는 자신이 과거에는 무척이나 호전적이고 명랑했다는 사실에 놀라기도 하고, 늘 밝은 모습으로 살아온 것 같은 자신이 침울한 염세주의자였다는 사실에 놀라기도 한다. 나는, 또는 우리는, 어쩌다 그때 모습을 버리고 지금의 모습으로 살게 된 것일까.

어느 해 여름, 십대 때의 친구들을 만났다. 마침 내가 십대를 보냈던 그 소도시에 내려갈 일이 있던 참이라 나는 서울 사는 한 친구와 동행해 볼일을 본 다음 23년 만에 옛친구들을 만나 같이 저녁을 먹었다. 그 자리에서 양희라는 친구가 내게 불쑥 말했다.

"넌 연애편지를 참 잘 썼잖아!"

나는 뜨악한 얼굴로 양희를 쳐다봤다. 내가 남들보다 못하는 것은 셀 수 없이 많지만, 연애야말로 으뜸이라고 생각했으니까. 양희는 내가 시치미를 뗀다고 느꼈던지 한쪽으로 기운 나의 필체까지 들먹이며 내가 썼던 연애편지에 대한 기억을 길게 풀어냈다. 처음엔 애가 왜 이러지 하는 마음으로 들었는데, 어느 순간 책상에 코를 박고 뭔가를 열심히 쓰고 있는 내 모습이 눈앞에 떠올랐다. 그랬다! 나는 정말이지 연애편지를 쓰는 데 여왕이었다.

수학여행에서 돌아왔을 때 우리 반의 거의 모든 친구들은 어디서 어떻게 구했는지 전국에 있는 남학생들의 주소를 몇 개씩 가지고 있었다. 모르긴 해도 그들의 주소를 가지고 있지 않은 아이는 나를 포함한 몇 명밖엔 되지 않았을 거다. 대체 어떻게 해서 그 많은 아이들이 그 당시로서는 상상할 수조차 없는 타지방 남학생들의 주소를 갖게 되었는지는 모르겠지만, 그들은 막상 가지고 있는 주소지로 편지를 쓰려고 하자 뜻대로 안되는지 한숨을 폭폭 내쉬었다. 은밀히 남학생의 주소를 간직할 용기가 있는 그들이 그깟 편지를 쓰지 못해 끙끙대는 것이 우스워서 나는 생각

없이 말했다. 뭐 그까짓 것을 가지고 쩔쩔매냐고. 그러자 아이들은 기다렸다는 듯이 내게 편지를 써달라고 했고, 나는 거침없이 아이들이 내미는 편지지를 채워나갔다.

  약간은 촉촉하고 나긋나긋하지만 뭔가 일을 저질러도 될 것처럼 유혹이 강한 글귀를 그 어린 나는 겁도 없이 써댔다. 나는 이미 고전과 하이틴 소설을 통해서 남자를 유혹하는 여자들의 유형을 너무도 많이 봤기 때문에 그 일은 식은죽 먹기였다. 게다가 나는 그들 뒤에 철저히 가려져 있어 내 얼굴이 깎일 염려도 없었다. 첫번째 쓴 편지는 두번째 편지를 쓸 수 있는 경험이 되었고, 두번째 쓴 편지는 세번째 편지를 쓸 수 있는 구체적인 경험이 되었다. 편지를 쓰면서 나는 점점 대담해졌으며, 가끔은 '삶이란 이런 것이다'라는 식의 뭘 아는 듯한 맹랑함도 보였다. 단정한 필체의 남학생이 쓴 주소지로 가는 편지에는 조금 더 신경을 썼다. 비록 그 순간은 그런 편지를 쓰고 있긴 하지만 자신은 자의식이 강하고 단정한 여학생이라는 양념 같은 암시도 빠뜨리지 않았다. 또 어떤 편지는 독서를 통해 알고 있던 얕은 상식을 총동원해 현학적으로 쓰기도 했다. 아이들은 내가 마지막 인사말을 쓰자마자 편지를 낚아채갔고, 그 편지들은 우표를 붙이고 전국으로 날아갔다. 그리고 얼마 후 이미 떡잎이 노란 남학생들이 기차나 버스를 타고 그 소도시를 찾아왔다. 무슨 짓을 하고 있는지 나 자신도 제대로 알지도 못한 채 이루어진 일이었다.

기다림에는 체온이 남는다

그들 중 평생의 반려자를 만난 아이가 있는지, 상대방에게 상처를 입히거나 상처받은 아이는 없는지 나는 모른다. 어렴풋이 기억나는 것은, 불 같은 만남이 한번 이루어진 이후에는 다시 편지를 써달라던 친구가 거의 없었다는 점이다. 그들의 만남은 그다지 성공적이지 못했던 모양이다.

지금 생각해보니 그 편지들은 내가 의도를 갖고 타인을 향해 쓴 첫번째 글이었다는 생각이 든다. 가끔 전학을 간 친구들과 편지를 주고받긴 했지만 그때 오간 편지는 결코 그처럼 의도적이지 않았다.

어린 내가 익명으로 수많은 이성을 향해 쓴 십대의 편지들……. 어쩌면 나는 글을 쓰는 '고통'이 아닌 '희열'과 '모험'을 느꼈던 그 편지들 때문에 지금 이렇게 글쟁이가 되어 있는지도 모르겠다.

얼마 전에도 십대 때 친구 셋을 만났다. 한 친구는 훌륭한 인문학자가 될 줄 알았는데 지금은 명성을 날리는 사교육 선생이 되어 있었다. 양조장집 외딸로 고생이라고는 모르고 자라며 얼굴까지 예뻐 여왕처럼 살게 될 줄 알았던 또 한 친구는 여전히 그 옛날의 빛나는 감성을 간직하고 있었지만 우울해보였다. 어린 나이에 모두가 말리는 파격적인 결혼을 한 뒤에 뒤따르는 예견된 정서였다. 나머지 하나는 학생회장을 했던 친구인데, 나는 그녀야말로 문학을 하게 될 줄 알았다. 그녀는 정말이지 평범한 데라곤 눈을 씻고 찾아봐도 없는, 개성 그 자체였다. 그녀는 모든 면에서 우리들보다 빨랐다. 모든 것을 재빨리 간파하고는 곧 냉소적이 되어버리곤 하던 그녀는 이미 그때 언어를 촌철살인적으로 구사할 줄도 알았다. 그녀의 눈에 제도권 교육의 맹점이 보이지 않을 리 없었다. 결국 그녀는 사람들의 만류를 뿌리치고 시큰둥하게 다니던 학교를 떠나버렸다.

그 자리에 있었던 나머지 한 명인 내가 시인이 된 것은 순전히 나의 언니 덕이다. 나는 세상과 화합하지 못하는 내면을 응시하며 늘 뭔가를 공책에다 써댔지만 시인이 되리라고는 상상도 못했다. 그런데 결혼하지 않고 영원히 나와 같이 살아줄 줄 알았던 둘째 언니가 그대로 뒀다가는 평생 자신이 부양해야 할 것 같은 짐스러운 나를 부추겨댔다. 언니는 언제나 내 글에는 묘한 색깔과 힘이 있다고 말했고, "너는 꼭 시인이 돼야 해"라고 말하기도 했다. 그 말도 성에 차지 않으면 "너는 시인이야!" 하기도 했다. 뜻밖에도 언니는 내가 태어나서 처음으로 원고지에 제대로 썼던 글을 기억하고 있었다. 그 글은 무척 어처구니없게 쓰여졌다.

어느 날 우리의 국어 선생님이 교지에 실릴 글을 써오라는 숙제를 내줬다. 국어 선생님은 절대 우리에게 매를 들지 않던 인자한 분이었는데 그때만큼은 달랐다. 선생님은 숙제를 해오지 않은 아이들을 일일이 호명한 뒤 반드시 써서 내라며 본 적 없이 무서운 얼굴로 으름장을 놓았다. 결국 나를 제외한 모든 아이들이 늦게나마 숙제를 제출했다. 그 다음날이었다. 우리 교실 문이 벌컥 열리고 한 손에 회초리를 든 국어 선생님이 화가 나서 상기된 얼굴로 모습을 나타냈다. 선생님은 내게 당장, 그 자리에서, 숙제를 해서 내라며 호통쳤다. 겁을 먹은 나는 거의 반사적으로 원고지를 앞에 놓고 써내려가기 시작했다. 선생님은 가지 않고 서서 기다렸다. 처음엔 원고지 두세 장만 쓰려고 했는데 공교롭게도 쓰다보니 글이 자꾸 길어져 열 장을 넘기고도 못한 말이 남았다. 내가 시간을 길게 끌자 선생님은 자신을 놀린다고 오해해 얼굴빛이 점점 컴컴해졌다. 겁이 났지만 나는 글의 서두에서 해놓은 말이 있어 제대로 마무리하기 위해 온힘을 다해 열심히 썼다. 드디어 뚝 떨어져서 나를 노려보던 선생님이 인내심이 바닥나 벌겋게 달아오른 얼굴로 내게 다가왔다. 나는 얼른 마지막 마침표를 찍고 쓰고 있던 원고지 맨 위에 13이라는 숫자를 써넣었다. 선생님은 내가 손에서 연필을 놓기도 전에 엄한 얼굴로 원고지를 거둬가버렸다.

 그렇게 쓴 글이 최우수상을 받았고 교지에도 실려 나의 언니까지 보게 된 것이다. 그리고는 까마득히 잊고 살았는데, 언제부턴가 언니는 내게 그 사실을 자꾸 일깨웠다. 어려서부터 언니들이 책에 코를 박고 있는 모습을 보며 자라긴 했지만, 나는 그녀들처럼 책 속 세계로 깊이 빠져들지는 못했다. 읽게 되는 글들이 모두

의식의 단층

나의 현실과 괴로울 만큼 철저히 비교되어 저절로 독서력이 떨어졌던 나는 그녀들이 즐겁게 읽은 책의 절반도 읽지 못했다.

옛날에도 그랬지만 지금도 나는 책을 애지중지하며 보관해야 하는 그 무엇으로 생각하는 것이 아니라 여럿이 돌려가며 두루 나눠 읽어야 하는 것으로 인식하고 있다. 오래 전에 이혼한 나의 큰언니는 결혼생활을 끝내며 자신이 아끼던 책들을 챙기지 않은 것을 지금까지도 안타까워한다. 하지만 나는 아니다. 옛날부터 나는 책을 애지중지하지 않았다. 언젠가 어떤 선생님에게 책을 좀 빌려달라고 했다가 망신을 한번 당한 후부터는 책을 빌려달라는 말을 돈을 빌려달라는 말만큼이나 힘들게 하게 되었지만…….

지금 학교를 다니는 학생들은 상상도 못할 일이지만 옛날 시골에서는 가정 형편이 어려워 교과서 없이 공부하는 아이들이 많았다. 특히 컬러로 된 사회과부도를 가지지 못한 아이들은 더 많았다. 엿장수가 찢어진 고무신까지 엿으로 바꿔주던 그 시절, 나는 언니들의 사회과부도를 적어도 스무 번은 엿으로 바꿔 먹었다. 왜 유독 사회과부도로 엿을 바꿔 먹었는지는 그 시대를 살아온 사람들은 말하지 않아도 알 것 같다. 다른 책에 비해 월등히 엿을 많이 주는 책, 바로 그 사회과부도라야만 나만 바라보고 있는 친구들 모두에게 엿을 먹일 수 있었던 것이다.

처음엔 새책을 샀지만, 곧 헌책방에서 같은 책을 수없이 사야만 했던 언니들과 어머니는 점점 나를 감시하기 시작했다. 하지만 어림없었다. 나는 여전히 꿋꿋했고, 내 친구들은 나만 바라보고 있었다. 내가 얼마나 자주 지도책으로 엿을 바꿔 먹었던지 언니의 흔적이 남아 있는 바로 그 책을 헌책방에서 다시 사오는 일까지 연달아 생겼다. 드디어 책 주인인 언니들과 끝없이 책을 사줘야 했던 어머니는 격분했다. 어느 날은 옷 속에다 책을 숨기고 살금살금 집을 나서다가 그들에게 몸수색을 당하기도 했고, 앞뒤 없이 혼쭐이 나기도 했다. 그런데 어느 날, 그런 나를 호되게 야단쳐야 할 어머니가 갑자기 "도대체 뭐 이런 애가 다 있담?" 하더니 더없이 엄해보이던 얼굴을 빨갛게 일그러뜨리며 자지러지게 웃기 시작했다. 그래서 나는 내가 하는 행동이 재미있는 짓이지 나쁜 짓은 아니라고 마음대로 생각해버렸다. 그러면서도 나는 어느 순간 그 짓을 그만해야겠다고 마음먹었다. 그런데 문제는 엿장수였다. 길에서 마주칠 때마다 엿장수가 내 귀에다 대고 가위를 치며 얼마든지 기다려주겠다는 은밀한 눈빛을 끈질기게 보내는 거였다. 어리석은 나는 또 초조해졌다. 그는 능구렁이처럼 늘 자신의 뜻대로 나를 다스렸다. 그의 가위소리에 고무된 나는 오래 버티지 못하고 치마를 너풀거리며 지도책을 훔치러 집을 향해 달려갔다.

"얘들아! 은희 좀 잡아라! 쟤 또 지도책 갖고 간다!"

하는 어머니와 언니들의 목소리가 지금까지도 귀에 쟁쟁 울린다.

  모두들 인쇄 문화의 쇠락을 걱정하고 있는 요즘, 나도 옛날만큼 책을 사서 읽지 못한다. 다시 말해 명색이 글쟁이일 뿐 나 역시 인쇄 문화의 쇠락에 가담하고 있는 사람 중 하나인 것이다. 옛날에는 친구들의 집들이 선물이나 결혼선물로도 책을 고른 적이 있었는데……. 요즘에도 생일 선물로 책을 선물한다면 받는 사람의 얼굴에서 그 옛날의 흡족해하던 미소를 볼 수 있을까?

내가 만일 그 시대를 살았다면

　꼼짝 않고 집에서만 지내는 동안 머릿속에서는 까마득히 잊고 있던 일들이 하나씩 떠오르곤 했다. 켜켜이 앉은 세월 탓인지 나로부터 아무런 의미도 얻지 못한 탓인지 그것들은 하나같이 눅눅한 물기를 머금었다.
　비온 뒤의 대숲에서 솟아오르는 죽순 같은 생각들……. 그것들에게서 뿜어져나오는 달콤한 향기를 흙처럼 떨어내며 나는 늘 무엇인가를 찾고 또 찾았다.

　내게는 오래도록 답을 얻지 못한 생각이 몇 있다. 대부분 잘못 살았다고 생각되는 지나온 내 삶에 관한 것이지만, 그렇지 않은 의혹도 있다. 그중 하나가 '만일 내가 일제시대를 살았다면 어떤 모습으로 살았을까?'라는 질문과 관계된 것이다. 나는 그런 의문이 생길 때마다 내 모습을 확신할 수 없었고, 그 때문에 과거를 규탄받는 자들을 쉽게 비판할 수도 없었다.

이 같은 나의 마음이 더 강해진 것은 최근 몇몇 정치인들 윗대의 친일 행각이 밝혀지며 세상이 떠들썩한 것과도 무관하지 않다. 나는 최근의 상황을 지켜보며 나의 아버지조차 알지 못하는 선조인 누군가가 조국의 독립을 믿지 못하고, 또는 나라 잃은 슬픔에 젖어 조용히 살지 못하고, 일제의 완장을 팔에 차고 불쌍한 내 나라 사람들을 괴롭혔던 것은 아닐까, 걱정하기에 이르렀다. 그런 일이 있었다면 당연히 후손들이 알아야만 한다고 생각한 나는 어느 날 아버지에게 조심스럽게 그 이야기를 꺼냈다. 처음에 아버지는 갑자기 그런 것을 꼬치꼬치 묻는 나의 의중을 알고 싶어했다. 내가 부끄러운 조상들을 뒀으면 어떡하나 걱정이 된다고 말한 뒤, 그래도 조상 중에 그런 사람이 있으면 우리의 행동이나 처신이 지금과는 달라져야 할 것 같다고 대답하자 아버지의 얼굴엔 미소가 떠올랐다. 그래도 불안이 가시지 않아 나는 몇 번이나 되물었다.

"우리 할아버지 대에는 지금보다 살기가 훨씬 좋았는데, 그런 유혹이 많았을 거잖아요."

아버지는 나를 더 안심시킬 말을 고르는지 한동안 침묵하다가 우리 집안 사람들이 바보 같을 정도로 체면을 중요하게 생각한다

질서가 주는 불안 1

질서가 주는 불안 2

는 점을 강조했다. 우리들이 위선이라며 매도해온 그 체면이야말로 인간의 몰락을 막아주는 마지막 보루라고 말하는 아버지의 말을 듣자 조금 더 마음이 놓였다. 그래도 또 뭔가가 석연치 않아 나는 다시 물었다.

"그럼 자리를 만들어놓고 모시러 와도 끝내 농부로 산 큰아버지도 그 때문이었어요?"

말을 해놓고 보니 가슴이 철렁 내려앉을 정도로 큰아버지의 삶에 의혹이 더 강해졌다. 아버지는 또 뭔가를 한참 생각하다가 고개를 저었다. 아버지는 큰아버지의 나이를 계산해보지도 않고 확신 있게 말했다.

"일제 때 형님은 농림학교에 다녔다."

여전히 미심쩍은 마음이 가시지 않아 나는 다리 밑에 숨긴 손가락으로 큰아버지의 나이를 역산하며 지나간 세월을 계산하기 시작했다. 출신 지역에서는 인재로 통하던 큰아버지의 삶에는 뭔가 석연치 않은 점이 많았기 때문이다.

"너희 큰아버지가 대학을 다니고 서울에서 내려왔을 때는 이미 해방이 됐었다."

여전히 뭔가가 미진했지만 그쯤에서 나는 아버지의 말을 믿기로 했다. 그리곤 한결 마음이 편해진 상태로 다시 최근 도마 위에 오른 친일 후손들의 문제를 생각해보았다.

만일 나의 삶을 이끌고 지배하며 훈시했을 나의 아버지가 오욕으로부터 한두 세대도 떨어지지 않은 바로 그 자신이었다는 사실을 어느 날 알게 된다면, 나는 너무도 부끄러워 두더지처럼 세상의 빛을 등지고 살아갈 것 같다. 그것은 분명 조상이 친일을 해서라도 보장받고자 했던 미래의 삶에 역행하는 것이다. 같은 이유로 나는 어떤 기회가 와도 권력의 중심으로 부상하지 않고 속죄하는 심정으로 평범한 삶을 살았을 것 같다. 세월이 더 흘러 불쌍한 후손들이 져야 할 과거의 짐이 한결 가벼워지기만을 겸허하게 바라며. 세상은 연좌제를 부정해도 부끄러운 조상을 둔 내가 스스로 짊어지고 살아야 할 고통의 연좌제까지 어떻게 부정할 수 있단 말인가.

내 몫의 고통을 가정해볼수록 최근의 친일 문제를 바라보는 나의 마음이 왜 이토록 답답한 걸까. 친일 후손들을 이 사회로 끌어들이고 관용의 말을 해야 할 사람들은 용서하는 입장에서 살아온 사람들일 것이다. 그런데 왠지 우리 사회에서는 관용의 말을 기다릴 여유조차 없는 이익 집단들이 용서하는 자들의 입에서 힘들게 나옴직한 말을 늘 먼저 꺼내고 있는 것은 아닌가 하는 의혹이 생긴다. 왜 그럴까. 오랫동안 우리 사회를 통해 쌓인 불신의 벽이 너무 높고 두터워 어떻게든 그런 일에 영향력을 행사하려는 자들이 제일 먼저 검증되어야 한다고 생각하기 때문일까?

수많은 생각 끝에 나는 이제야 '내가 그 시대를 살았다면……' 하는 스스로의 질문에 조심스럽게 대답할 용기가 생긴다. 만일 내가 그 시대를 살았다면…… 겁이 많은 데다가 상상력까지 한 몫해 고통을 상상하는 것만으로도 지레 겁을 먹고 나가떨어질 더 없이 한심한 나는 분명히 독립운동은 못했을 것 같다. 하지만 최소한의 자존심을 지키며 그 시대를 살아낸 수많은 사람들처럼 조용하고 평범하게(?) 살았을 것 같다.

너무도 이상한 일이다. 이렇게 추상적으로나마 내 생각을 정리하고 나자 비로소 친일했던 사람들에 대한 두터운 연민이 생기기 시작한다. 그뿐 아니다. 독립운동을 했던 사람들에 대한 구체적이고 깊은 존경심도 생긴다. 나는 생래적으로 양비론자나 양시론자는 될 수 없는 사람이다. 그런 내가 지금 이 순간만큼은 세상 모두에게 관대한 자들의 의식이 얼마나 앞서 있는지까지도 세세히 느끼고 있으니 흐뭇할 따름이다.

약국에 갔다가 우리 골목으로 들어서자 누가 차가운 시멘트 계단에 쭈그리고 앉아 책을 읽고 있었다. 시력이 약한 나는 직감적으로 그녀가 내 친구임을 알았다. 역시나 그녀는 이따금 친일 문제에 대한 의견을 나누기도 하는 나의 친구였다. 우연찮게 우리의 대화는 늘 서정주 시인의 삶을 되새겨보는 데서 시작되었다.

오랜만에 만나 입이 얼얼해질 만큼 웃고 그녀를 배웅해주러 갈 때 그녀는 내게, 나는 그녀에게 만나는 순간부터 하려고 했던 말이 생각나지 않았다. 우리는 서로에게 찬찬히 생각해보라고 했지

뒷모습으로 보는 세상

만 둘 모두 잊어버린 말을 다시 기억해내지 못했다.

"아마 난 분명히 생각해내지 못할 거야."

나뿐만 아니라 친구 역시 헤어질 때까지 잊어버린 말을 기억하지 못했다.

"소크라테스는 어떤 생각의 실마리가 떠오르지 않으면 아침부터 밤이 되도록 그 자리에 꼼짝 않고 서서 생각했다는데. 아무래도 내가 소크라테스처럼 악착같은 데가 없어서 정신이 자꾸 깜빡깜빡하나봐."

내 말이 끝나자마자 엉뚱한 친구의 말이 귀에 들렸다.

"그 인간이 미쳤나! 마누라 복장 터져 죽는 것을 보려고 그러는 거야, 뭐야. 남들은 다 대번에 생각해내는 걸 그렇게 미욱하게 깨우치면서 뭐 자랑 났다고 길에 서서 그 미련을 떨고 있는 거야!"

역시 내 친구야, 하는 마음으로 깔깔대며 맞장구를 쳤다.

"그러게 말이야. 그 인간이 살았던 때의 그리스 향연 문화도 완전히 정신병원 축소판이잖아. 대화도 드러누워서 하고. 게다가 걸핏하면 밤을 새며 늘어지게 놀면서 대화랍시고 했던 말이나 반복하고."

"내 말이 바로 그 말이잖아. 아마 소크라테스 그 인간이 열 사람 복장은 터트렸을 거다."

"맞아, 맞아. 그것도 웃기지 않아?"

"?"

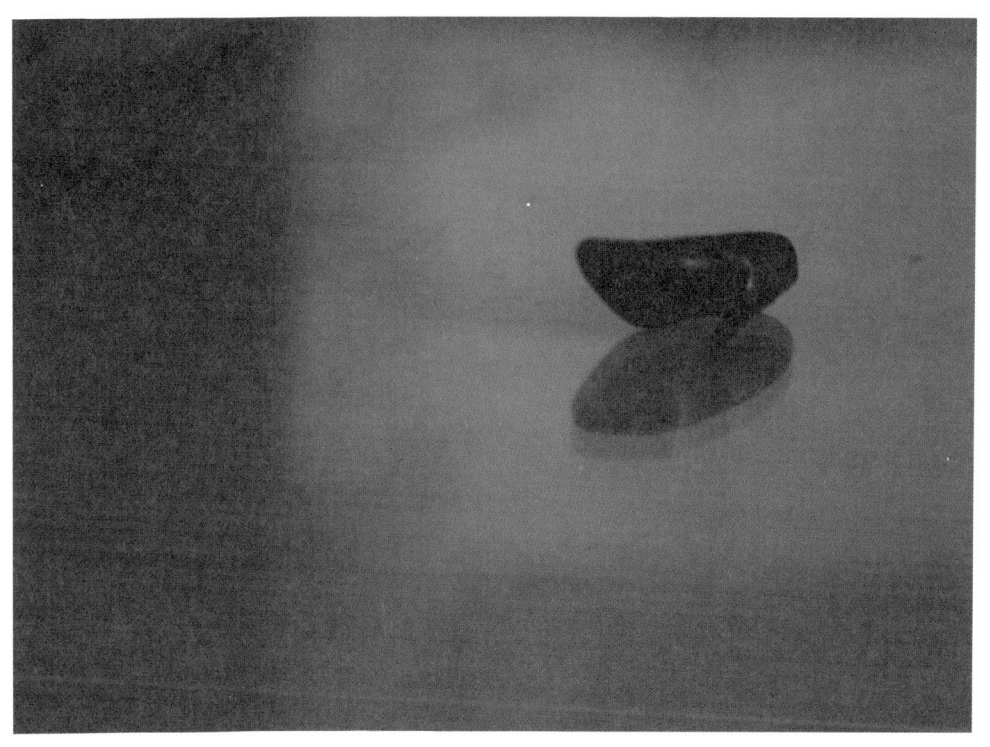

외로움의 그림자

"소크라테스는 제가 먼저 술을 마시자고 청하지는 않았지만 한 번 마셨다 하면 다른 사람들을 다 곯아떨어지게 하고는 자리를 떠났다잖아. 그것도 얼마나 웃기냐고. 먼저 입 밖에 내지 않았다 뿐이지 그 인간은 술을 아주 좋아했고, 늘 마실 궁리만 했다는 말이잖아. 안 그래?"

"어느 시대든 그런 음흉한 인간들이 있다니까."

말은 그렇게 하면서도 우리는 알고 있었다. 소크라테스가 살았던 시대 이후에 닥친 수많은 암흑기를. 노력하지 않으면 개인도 사회도 쉽게 퇴보는 할망정 절대로 진보하지는 않는다는 것을.

그녀가 타고 갈 버스를 기다리며 우리는 또 지난 여름 있었던 황당한 일을 생각해내고는 실성한 사람처럼 길에 서서 웃었다.

지난 여름, 외국에서 사는 한 친구가 백인 남자를 데리고 우리 집에 놀러 왔다. 나는 백인 손님을 위해 잡채를 만들었고, 나중에 다른 친구들도 합류해 재미있게 놀았다. 그날, 제일 마지막에 나타난 사람이 바로 그녀였다. 그녀는 너무 늦게 왔지만 다음날 출국해야 할 사람들 때문에 우리들은 비교적 이른 시간에 그 만남을 끝내기로 했다. 그런데 모든 친구들이 대문을 나가고 있는 그때까지 그녀가 투덜대며 신발을 찾고 있었다. 어디로 갔는지 자신의 신발 한 짝이 보이지 않는다는 것이었다. 처음엔 나도 그녀를 도와 허리를 굽히고 신발을 찾았다. 그러다 감쪽같이 사라진 신발의 행방을 믿을 수 없어 그때까지 굽이 높은 샌들을 벗었다

신었다 하는 그녀의 한쪽 손에 들린 샌들과 한쪽 발에 꿰인 샌들을 자세히 들여다보았다. 두 짝 다 눈에 익은 신발이었다.

"그건 다 네 신발이잖아!"

그때 우리말이라고는 한마디도 못하는 백인이 우리보다 먼저 사태를 파악하고는 의미심장하게 웃었다. 그녀는 왼발에도 오른발에도 비슷하게 생긴 오른쪽 통굽 샌들을 신고 우리 집까지 왔던 것이다! 우리 집까지 오기 위해서는 가파른 언덕길을 한참 내려와 택시를 타야 했고, 택시에서 내려서도 만만찮은 언덕길을 올라와야 했는데 그동안 그 사실을 자각하지 못했다는 사실이 아무리 생각해도 불가사의했다.

그 행색을 하고서도 내 친구는 밀린 원고를 걱정하며 돌아갔다. 친구의 행동이 더 기괴해질수록 상식을 깨뜨리는 통쾌한 글들이 암울한 이 세상을 향해 폭죽처럼 터질 것이라는 믿음이 없었다면, 나는 그녀를 이해하기 위해 많은 한숨을 쉬어야만 했을 거다.

손의 미각味覺

오랜만에 친구들이 놀러 온다기에 서대문에 있는 영천 시장으로 장을 보러 갔다. 늘 그 만남에서는 한 친구가 하루종일 만든 음식을 우르르 몰려가서 한 끼에 다 먹어치우곤 했는데 드디어 나도 한번 밥상을 차리게 되었다. 배낭을 메고 바람이 불 때마다 우수수 떨어지는 낙엽을 밟으며 재래시장을 향해 걷다보니 처음 들판으로 나가보는 아이처럼 마음이 설레었다.

나는 시장통에 한번도 살아보지 못했지만 시 쓰는 내 친구 중 하나는 시장 안에 있는 3층집에 오랫동안 살았다. 시장 안에 살았기 때문에 상냥하고 엉뚱하고 기발하고 참신한 그 친구의 그 집에는 언제 가든 먹을 것이 있었다. 하지만 나는 그 집을 그다지 좋아하지 않았다. 무엇보다 햇볕이 들지 않는다는 사실이 마음에 들지 않았다. 창이란 창은 다 봉해놓고 바퀴벌레처럼 세상의 빛을 피하며 살아낸 시절도 내겐 있지만, 언제부턴가 나는 밝은 태양을 좋아하게 되었다. 마음먹고 떠난 여행지의 아름다운 풍경 속으로 아침해가 떠오르는 것을 보지 못한 날은 하루종일 기분이 우울해질 정도로.

어느 해 늦여름, 소설 쓰는 한 친구와 제주도에 간 적이 있는데 그 친구는 나처럼 일출을 보겠다는 욕구가 없었다. 나는 일찍 잠들어야 한다는 강박감에 시달리며 친구에게 내일은 일출을 보러 갈 거라고 말했다. 친구도 기꺼이 같이 가겠다고 했다. 하지만 다음날 해뜰 시간이 가까워져도 친구는 꿈지럭거리기만 할 뿐 해가 뜨는 것에는 별관심이 없어보였다. 그러면서도 나 혼자 숙소를 나서려고 하면 연거푸 내 발목을 잡으며 또 꿈지럭거렸다. 나는 조바심을 치다 혼자 숙소를 뛰쳐나가 막 어둠이 걷히기 시작하는 성산포 일대를 달리기 시작했다. 다다다닥 하는 내 발소리 때문에 못 들었는데 숨을 고르느라 잠시 멈추자 의리가 없다는 둥 나쁜 인간이라는 둥 욕을 하며 뒤따라오는 친구의 푸념이 들렸다. 그리고도 멈췄다 달렸다 하기를 몇 차례.

"나 정말 무지 무섭단 말이야!"

등뒤에서 들려오는 친구의 고함소리를 듣고 나는 더 가지 못하고 웃으며 그 자리에 멈춰 섰다. 안타깝게도 그날 우리는 멋진 일출을 보지 못했다.

시장 안에 있던 친구의 집은 엄청나게 큰 부엌에 비해 터무니없이 방이 작았다. 그 작은 방이 자유로워야 할 친구의 의식을 옥죄는 것 같아 갈 때마다 나는 불만을 터뜨리곤 했다. 그 집을 둘러싸고 있는 다른 집에서 들리는 소음도 만만치 않았다. 다행히 친구는 늘 음악을 크게 틀어놓고 살아서 소음 때문에 스트레스를 받기는커녕 이웃들에게 적잖게 스트레스를 줄 것 같았지만.

　그 친구에게 이사를 권한 사람은 나뿐만이 아니었다. 내가 아는 사람들은 거의 모두 그 집에 갈 때마다 친구에게 이사를 권했고, 친구가 시큰둥하면 점점 강도를 높여 말했다. 그래도 친구는 꿋꿋하게 그 집에서 몇 권의 시집을 내며 강산이 변하고도 남을 만큼 오래 살았다. 물론 철없는 우리들은 강산이 변하고도 남을 시간 동안 적극적으로 친구에게 이사를 강요하곤 했다. 우리들은 대부분 가난한 데다 현실 감각이 없어 친구가 더 쾌적한 집으로 이사를 하는 데 꼭 필요한 도움을 줄 생각은 하지도 못한 채 그녀의 초라한 공간을 탓하기만 했을 뿐이다. 바로 그 공간이 그녀가 능력껏 마련한 유일한 작업공간이자 주거공간이었음을 알고 있었음에도 말이다.

　어느 날 친구는 다른 집으로 이사를 했지만 햇볕이 해일처럼 방 구석구석 쏟아져 들어오는 것 말고는 새로 이사한 집도 살던 집에 비해 그다지 별로 나을 것이 없었다. 우리가 친구를 배려한 답시고 이사를 권했던 말들이 얼마나 몰인정하고 비이성적이었던가를 생각하면 끔찍해 뇌에 소름이 돋을 정도다.

　예전이나 지금이나 시장에서 얼마 되지 않는 물건을 앞에 놓고 팔고 있는 사람들은 대부분 여성들이다. 나는 사가야 할 물건보다도 그들의 모습을 더 눈여겨보는 자신이 그동안 얼마나 많이 변했는지 깨닫고 적잖게 놀랐다. 옛날에는 불행해보이기만 하던 그들이 대단해보인 것은 말할 것도 없고, 누군가의 생계까지 책임지고 살아가는 그들이야말로 이 세상 무엇으로부터도 당당할 것이라는 생각도 들었다. 가족들은 반드시 남편이자 아버지인 남성이 부양해야 한다는 고정관념으로부터 일찍 자유로울 수 있었다면 나는 지금보다 훨씬 대범하고 큰 사람이 되어 있었을 것이다. 늦었지만 힘들게 바뀐 의식과 시각에 기뻐하며 나는 가벼운 걸음으로 시장을 누비고 다녔다.
　"눈으로 보면 알지 일일이 손으로 다 만져봐야 알아요?" 하는 퉁명스런 상인의 말에 예전 같으면 한풀 꺾였을 내 마음도 그새 달라졌다.
　"부드러워보여도 먹을 때는 질긴 나물이 있더라구요"라고 대꾸할 정도로.
　나는 매운맛 때문에 사는 청양고추도 손으로 만져보며 효력을 가늠했고, 깨끗하게 손질된 채 가지런하게 묶여 있는 야채도 손으로 만져보며 질긴지 연한지 구분했다. 도라지를 만져볼 때는

지층의 한 형태

사야 할지 말아야 할지 망설여졌다. 잘 다듬어져 먹음직스럽게 찢겨 있는 하얀 도라지를 만지던 나의 손이 이유도 없이 주춤거렸기 때문이다. 나는 내 손의 미각味覺을 믿기로 했다. 그래서 시장을 샅샅이 뒤지고 다니다 흙이 묻어 있는 통도라지를 사다가 일일이 껍질을 벗긴 후 잘게 찢어 양념 고추장으로 버무렸다.

개인적으로 나는 손으로 식사를 하는 민족의 정서를 공감한다. 단언하건대 혀만 맛을 느끼는 것이 아니다. 손도 혀처럼 미각을 가지고 있다. 혀보다도 먼저 손이 느끼는 맛이 바로 일차적인 맛이 아니겠는가. 탐스러운 포도송이에서 탱탱한 포도 알갱이를 따낼 때의 감촉, 두 손가락을 이용해 말랑말랑한 인절미를 집을 때의 감촉, 읽고 싶은 책을 집어들 때의 감촉, 책장을 한 장 한 장 넘길 때의 감촉 등이야말로 나의 몸이 가장 일차적으로 느끼는 순수한 미각인 것이다.

가끔 글을 써서 밥을 먹고사는 친구들에게서조차 책이 시시하다는 말을 들을 때면 나는 한 개인의 위기감을 넘어서 우리 사회 전체의 위기감을 느끼곤 한다. 그들이 책이 시시하다고 말할 때의 비교 대상은 다름아닌 인터넷이기 때문이다. 그때마다 나를 덮치는 섬뜩함은 예상보다 오래간다. 제발 그가 실언했으면 좋겠다고 두고두고 생각할 정도로.

시장 안에서 살았던 내 친구는 헬스클럽에서 운동을 하면서도 책을 읽는다고 한다. 그녀는 트레드밀이나 스테퍼 위에서 땀을 흘리면서도 책을 읽는가 하면, 몸을 거꾸로 뒤집는 기계에 매달려 피가 머리로 쏠린 상태에서도 책을 읽는다고 한다. 처음에는 '별의별 기인도 다 있구나' 하는 눈으로 쳐다보던 사람들도 언제부턴가 자기와 같은 자세로 책을 읽고 있더라며 친구는 웃었다. 나는 그 친구처럼 적극적으로 책을 읽지는 않지만, 읽은 책 때문에 평소 나의 도량보다 일시적이나마 세상에 관대해질 때가 있다. 그것은 활자문화가 내게 주는 기분 좋은 보너스다.

가끔 인터넷에 중독되어 사는 듯한 친구들과 이야기를 하다보면 똑같이 주어지는 시간 안에 그들은 어떻게 그 많은 정보를 읽어낼 수 있었을까 싶다가도, 나는 금방 안심하곤 한다. 그들이야말로 종이신문이나 종이책을 읽은 사람에 비해 분석 능력이 떨어진다는 유쾌한(!) 사실을 알게 되기 때문이다. 인터넷을 통해 정보를 얻는 사람들은 책을 통해 수없이 되새김질을 하며 무엇인가를 알게 되는 사람들에 비해 정보를 자기화시키는 능력이 부족한 것 같다. 무엇인가를 자기 것으로 만드는 능력은 결코 시시한 것이 아니다. 그 능력에서부터 우리 사회 전반을 심층적으로 성찰하게 하는 다양한 시각이 태동하는 것은 물론 독창적인 창작 행위까지 가능하게 되는 것이다.

"내 생각은 좀 달라"라고 말하는 사람들 중에는 혼자 있는 시간을 좋아하는 사람들이 많다. 그들은 혼자 있는 시간을 두려워하지도 않고, 남들과 다른 의견 때문에 받을 수 있는 소외감에 지레 의식이 묶이지도 않는다. 당당히 견뎌낸 외로움의 대가는 상상을 초월할 만큼 크다.

수많은 사람들이 활자문화, 특히 종이책에 대한 비관론을 펼치고 있음에도 불구하고 나는 그다지 비관하지 않는다. 나는 종이책이 디지털 문화의 뒷전으로 밀리며 지금보다 훨씬 더 영향력을 잃지는 않을 것이라고 생각한다. 아니, 그렇게 믿어본다. 어쨌거나 나는 활자문화에 있어서만큼은 낙관주의자다. 나 역시 컴퓨터가 없으면 글을 쓸 수 없는 사람이지만, 인터넷이 인간의 정신에 큰 도움이 된다고 생각하지 않는 세대에 속하는 사람이기도 하다. 당연히 나는 인터넷을 통해 정서를 함양하는 사람은 아닌 것 같다.

하루 중 내가 가장 좋아하는 때는 누워서 책을 보는 두 시간 남짓한 시간이다. 베개를 포개 베고 눌렸던 몸의 자세를 조금씩 바꿔가며 누워 책을 보는 이 시간을 잃게 된다면 아마도 내 삶은 지금보다 훨씬 무료해질 것이다. 누워서 책을 보는 행위 자체가 휴식이기도 하거니와 편안함 때문인지 몽상과 상상력이 책 읽기에 섞여들며 몽롱한 상태까지 가보는 즐거움이란!

우리를 유혹하는 수많은 상품들이 거리에 넘쳐나지만, 변함없이 나는 사람들에게 책을 선물할 것이다. 세상에서 만들어지는 절반 이상의 책이 팔리지 않고, 팔린 책의 절반 이상이 읽히지 않고, 읽힌 책의 절반 이상이 사람들의 의식에 남지 않고, 인간의 의식을 뒤흔들었던 내용의 절반 이상이 그 인간의 삶에 직접적으로 적용되지 않는다는 식의 글을 언젠가 읽은 기억이 난다. 그런들 어떠랴. 과거에 먹었던 좋은 음식들을 내가 다 기억하지는 못하지만 그 음식물을 통해 이렇게 나의 몸이 형성되어 있는 것을. 책도 그와 같다. 그래서 나는 영양이 풍부한 음식을 가족이나 연인에게도 먹이고 싶은 사람의 마음으로 쓰여져 이 땅에서 책의 형식을 갖는 글들이 더 많았으면 좋겠다.

행운을 돈으로 받아야 할까?

가까이 사는 친구가 기가 막히게 좋은 꿈을 꿨다며 달려왔다. 가끔 있는 일이다. 그녀가 꿈 이야기를 시작하려고 할 때 나는 얼른 말을 가로막았다. 가끔 그녀는 나로서는 상상도 못할 좋은 꿈을 꾸곤 하는데 그때마다 복권을 사야겠다고 하면서도 한번도 사지 않았다. 당연히 꿈의 진위를 가려보지 못했다. 그래서 이번만은 꼭 복권을 사게 하고 싶었다.

외출을 했다 돌아오는 그녀에게 복권을 샀다는 말을 듣고 싶었는데 아침에는 목소리가 날아갈 것 같던 그녀가 웬일인지 우울해 보였다. 짐작대로 복권을 사지도 않았다. 밤에 산책을 하며 동네를 한 바퀴 돌 때 그녀가 지난밤 꾼 꿈이야기를 시작했다. 어차피 복권을 사기에도 늦은 시간이라 나는 그냥 내버려뒀다.

꿈에서 그녀는 내가 차려주는 떡 벌어진 밥상을 현대통령과 같이 받아먹었다고 했다. 우리처럼 평범한 사람이 대통령과 단둘이 겸상을 받는 꿈이 나쁠 리 없겠다 싶었다. 대통령의 상징체계를 약화시키는 현대통령의 어떤 점이 마음에 걸리긴 했지만 그녀가 부자가 되면 내게도 좋은 일인 것만은 틀림없는 사실이다. 돈을 들고 영원히 잠적해버리지만 않는다면 최소한 부담 없이 밥은 얻어먹을 수는 있을 테니 그 또한 평생 저축이 아닌가. 정신과 의사가 쓴 책에서도 읽었고, 직접 환자들의 꿈을 분석하기도 하는 친구의 견해를 들은 적도 있던 나는 몇십억을 날린 것 같은 허망함을 달래며 꿈꿀 때의 기분이 어땠는지 물었다. 그녀는 끝내주게 기분이 좋았다고 했다. 그 말을 들으니 사지 않은 복권에 대한 아쉬움이 더 커졌다.

"그런데 나는…… 내게 어떤 행운이 온다면, 그걸 돈으로 받고 싶지는 않아."

내 말끝에 늘 즉각적으로 되물어오던 누군가처럼 친구도 똑같이 물었다.

"그럼 뭘로 받고 싶은데?"

늘 그랬듯이 나는 또 머뭇거렸다. 내게 큰 행운이 주어진다면 돈 대신 받을 수 있는 무엇인가가 과연 무엇일까 생각하며.

"글쎄, 잘 모르겠어. 하지만 행운이라는 것이 고작 돈이라면 너무……."

시시할 것 같아, 하는 뒷말을 삼키자 내가 돈을 너무 대수롭지 않게 여겨서 카드춤(결제 때마다 몇 개의 신용카드를 손에 들고 허덕거리는 것을 언제부턴가 나와 문학하는 가난한 친구들은 그렇게 표현한다)을 추며 사는가보다 하는 씁쓸한 생각이 들었다. 그래서 진지하게 돈이 생기면 당장 하고 싶은 일들을 하나하나 떠올려보았다. 뜻밖에도 돈으로 할 수 있는 일들이 그다지 많지 않았다. 착각일까, 갑자기 큰돈이 생기면 그렇지 않아도 시시한 삶이 더 시시해질 것도 같았다. 그래서 생각을 조금 돌려 돈이 생겼을 때 기뻤던 기억과 돈을 잃었을 때의 나빴던 기억까지 애써 떠올려보았다. 그때 내가 전학 갔던 초등학교 운동장이 눈앞에 펼쳐졌다.

그 학교가 있던 도시는 나의 고향에서 한 시간 남짓 떨어져 있었지만 그곳은 우리 가족에겐 유배지나 다름없는 곳이었다. 그 초등학교 운동장에서 나는 진감색 원피스를 입은 한 아이와 늘 함께 있었다. 그 아이의 단발머리, 몸에서 나던 냄새, 키에 비해 큰 발까지도 나는 기억한다. 어느 날, 어쩐 일인지 운동장에서는 그 아이와 나만 놀고 있었다. 그때 뭔가 이상하다고 느낀 내가 갑자기 책가방을 뒤진 것으로 봐서 나쁜 예감이 들었던 것 같다. 내 예감이 맞았다. 조금 전까지 몸에 지니고 있다 가방에 넣어뒀던 육성회비가 감쪽같이 사라지고 없었다. 나는 어렸지만 당장 그 아이의 가방과 몸을 뒤지면 잃어버린 돈을 찾을 수 있다는 것을 알았다. 그도 아니면 그 자리에 주저앉아 펑펑 울기만 해도 누군가가 내 돈을 찾아줄 수 있다는 것도 알았다. 돈을 찾을 방법이 있다고 생각하자 정신없이 가슴이 두근거렸다. 흥분하여 열이 오르는 눈앞에서는 아지랑이 같은 것이 고물거리며 피어올랐다. 그런데 나는 그렇게 하지 못했다. 내 눈은 끊임없이 그 아이의 뒤통수를 따라다니면서도.

그런 일은 내게 가끔 생긴다. 얼마 전에도 그랬다. 새해 첫날이었던 그날, 나는 오랜만에 본가에 온 조카를 데리고 대형 상점에 갔다. 문을 열고 들어갈 때 그런 특별한 날에도 쉬지 못하고 일하는 판매원과 젊디젊은 캐셔들이 안됐다는 생각을 했던 것도 같다. 매장 안에는 사람이 거의 없었다. 계산할 때 내 앞에도 뒤에도 옆에도 줄을 서서 차례를 기다리는 사람이라곤 한 명도 없었다. 나는 그 전날 누군가로부터 선물받은 예쁜 새 지갑에서 돈을 꺼내 계산을 하고 상점을 나왔다. 몇 발짝 걸었을 때였다. 지갑을 계산대 위에 두고 왔다는 생각이 들었다. 나는 그 즉시 뒤돌아서 뛰어갔다. 내가 지갑을 놓고 나온 계산대에는 여전히 캐셔 외에는 아무도 없었다. 그래서 나는 말하는 즉시 지갑을 돌려받을 수 있을 줄 알았다. 그런데 불과 2, 30초 사이에 나의 지갑이 어딘가로 사라지고 없었다. 나는 지갑을 보지 못했다는 캐셔를 의심했고, 그녀가 내 지갑을 가지고 있을 거라고 확신했다. 그래서 발길이 떨어지지 않았다. 지갑 속에는 신정 연휴 때 쓰려고 마련해둔

돈이 고스란히 들어 있었는데, 그 돈은 하루 전날 신용카드로 잔액을 남기지 않고 전액 현금 서비스 받은 것이었다. 내가 가지 않고 그대로 서 있자 캐셔의 눈빛이 흔들렸다. 나의 확신을 굳히는 눈빛이었다. 그녀는 아직 지갑 안에 무엇이 들어 있는지 열어보지도 못했을 것이다.

그렇게 망연히 서 있는 내 머릿속에선 그 같은 상황에선 절대로 지갑을 포기하지 않고 찾아내고야 말 한 친구의 얼굴이 떠올랐다. 그 친구가 어떤 말과 행동으로 지갑을 되찾을지도 눈에 보듯 선했다. 정말이지 그때 내 머릿속에 떠오른 그 친구라면, 나중에 머리를 조아리며 사과하는 일이 있더라도 캐셔의 소지품은 물론 30초의 행동 반경을 샅샅이 뒤지며 소란을 피웠을 것이다.

떨어지지 않는 발길을 돌려 허탈하게 집으로 돌아오며 나는 돈을 잃었을 때마다 나를 합리화시켰던 말을 중얼거렸다.

"그래, 적어도 내 나라는 손해보지 않았다."

여전히 기분이 나아지지 않았다.

다시 내가 전학을 갔던 그 도시, 그 학교의 우리반 반장 아이가 머릿속에 떠오른다. 전학을 가서 첫 시험을 친 후 한 명씩 선생님 앞으로 불려나가 시험지를 받을 때였다. 우리반 반장이 나보다 먼저 달려나가 선생님이 내미는 내 시험지를 받아 들고 뚫어져라 들여다봤다. 그런 반장을 선생님은 나무라기는커녕 얼굴을 맞대고 마치 다정한 아버지와 아들처럼 내 시험지를 들여다봤다. 그날의 납득할 수 없는 행동만 제외하면 그 아이는 어린 나이에도 상당히 차분하고 철학적이었던 것 같다. 늘 그 아이는 무엇인가를 질문하는 듯한 조용한 시선으로 우리들과 뚝 떨어진 곳에 있었다.

우리 집이 과수원이 있던 신골로 들어가 살 때 그 아이가 한번 다녀간 적이 있다. 그 아이가 무슨 이유로 힘들게 나를 수소문해 찾아왔는지는 기억나지 않는다. 지독히 야윈 그를 감싼 분위기가 너무도 어두웠다는 사실과 그가 나지막이 흥얼거리던 가곡 〈그리운 금강산〉만 선명하게 기억될 뿐. 우리는 과수원을 거닐며 이야기를 나누었지만, 무슨 말을 했는지는 잘 생각나지 않는다. 그때는 여름이었고, 연못 주변으로는 이름을 알 수 없는 꽃들이 한들거렸고, 연못 쪽으로 비탈진 비옥한 땅엔 주먹만한 도라지꽃들이 지천으로 피어 있었다. 아, 생각난다. 앞서 걷던 그가 나를 돌아보며 산도라지꽃을 본 적이 있냐고 물었다. 내가 못 봤다고 하자 그는 산도라지꽃은 회색이라고 했다.

그렇게 한번 우리 집을 다녀가고 난 후 그가 자살을 했다는 소식을 들었을 때는 정말이지 정신이 아득했다. 그를 자살로 몰고 갔던 의식과 사고 구조가 그 무렵의 나와 아주 많이 닮았다고 내심 생각하고 있었기 때문이었다.

에밀 시오랑의 글을 읽을 때에도 나는 줄곧 그를 생각했다. 둘은 서로 아주 많이 닮았다. 루마니아 출신의 철학자인 에밀 시오

무덤에 뿌리내림

랑이 프랑스에서 살며 모국어가 아닌 프랑스어로 남긴 저서의 번역본에 흠뻑 빠져 지낼 때 나는 한번도 시오랑과 그를 따로 생각하지 않았다. 둘의 다른 점이 있다면 시오랑은 저주스러울 만큼 오래 살았고, 그는 젊디젊은 나이에 스스로 세상을 떠났다는 점이다.

언젠가 프랑스 여행 중에 나는 시오랑이 매일 앉아 시간을 보낸 벤치가 있는 자연사박물관과 그의 무덤을 찾아갔다. 그 여행에서 시오랑의 흔적과 무덤을 찾아내는 것이 일찍이 세상을 버린 그의 죽음에 대한 실마리를 찾는 것이고, 그 실마리는 내게 삶의 실마리가 되기나 한 것처럼.

시오랑은 자신의 묘비에 단 한 글자도 새겨넣지 말 것을 유언으로 남겼다고 한다. 당연히 그의 무덤을 찾는 일이 쉽지 않았다. 지도와 정확히 위치가 맞아떨어지던 무덤들이 시오랑의 무덤 가까이 이르러서는 위치가 산만해지기 시작했다. 동행한 친구와 나는 묘지 지도를 들고 간간이 흩뿌리는 비를 맞으며 무덤을 하나하나 더듬어가다가 정말로 한 글자도 새겨져 있지 않은 대리석에 덮여 있는 초라한 무덤 앞에서 탄성을 질렀다. 그러면서도 힘들게 찾아낸 그 무덤이 시오랑의 무덤임을 확신할 수가 없어 몇 번이나 지도를 다시 확인한 후 손으로 비석을 쓸며 말했다.

"조용히 쉬지 못하게 해서 미안하네요. 하지만 지금쯤은 그 정적이 못 견딜 만도 할 터이니……"

길 위의 삶 1

나는 마치 친한 사람에게 말할 때처럼 사랑의 냉소를 담아 비아냥거렸다. 그때 시오랑의 무덤이 아닌 그의 무덤 앞에 섰더라도 나는 분명히 그렇게 냉소적으로 말했을 거다. 이상하게도 가끔 내 입에서는 감정의 여과 없이 그런 냉소가 터져나온다. 대부분은 내가 냉소적인 대상에게 동질감 내지는 친밀감을 느끼는 바로 그 순간이다.

무덤을 좋아해 어느 여행에서나 무덤의 양식을 관심 있게 둘러보는 나는 훗날 몽골을 여행하게 되더라도 또 누군가의 무덤을 찾아다닐 것 같다. 어쩌면 아무도 묻힌 곳을 모른다는 몽골의 족장 징기스칸의 무덤을 다른 사람도 아닌 내가 찾아낼지도……

한때 홀린 듯 빠져들었던 시오랑의 책을 다시 읽고 싶어 서점에 갔더니 거의 없단다. 인터넷을 통해 그 서점의 한 지점에 그의 책이 몇 권 있다는 것을 알았지만 망설이다 주문하지 않았다. 내가 그에게 매혹되었던 시절이 까마득한지라 다시 정독하면 내 삶 깊숙이 들어와 있는 그의 사상과 의식의 골조가 부식되었을지도 모른다는 두려움 때문이었다.

가까이 있던 자들의 죽음은 세월이 흐를수록 의미가 풍성해진다. 한 죽음이 남긴 아픔이라는 가시가 삭아 삶의 뿌리로 흘러들기 때문인 것도 같다.

내 기억 속 큰 체구의 외할아버지는 늘 검은 두루마기를 입고 있다. 겨울이면 외갓집 부엌 뒷문에 걸려 있던 소의 넓적다리도 생각난다. 독에다 쓱쓱 문지른 칼로 고기를 베어다 언제든 국도 끓이고 반찬도 했던 것은 외할아버지가 지독히 식도락을 즐겼기 때문이다.

내가 학교에 들어가기도 전인 어느 날 새벽, 어머니가 나와 어린 동생을 깨웠다. 잠이 덜 깬 내 발에다 어머니는 전날 저녁에 빨아 연탄 아궁이 옆에서 말린 따뜻한 운동화를 신겼다. 평소 같으면 그런 일에는 관심도 없었을 아버지도 묵묵히 어머니를 거들었다. 우리는 깜깜한 새벽에 집을 나서 차를 타고 어두운 길을 달렸다.

기억은 뚝 끊겼다가 상여가 나가는 날 아침 마당에서 환하게 살아난다. 비로소 그날 아침 나는 외할아버지가 영원히 우리 곁을 떠났고, 다시는 볼 수 없다는 사실을 알게 된다. 외할아버지는 이따금 우리 집에 왔지만 워낙 말이 없던 분이라 우리들에게 다정하게 말 한마디 건넨 적이 없었다. 서로 소통하지 않았다는 것은 그런 것이었던지 나는 외할아버지의 죽음이 그다지 슬프지 않았다. 하지만 어머니는 달랐다. 어머니에게 외할아버지의 죽음은 서로 긴밀하게 연결된 두 세계의 문을 닫고 오직 한쪽 세계의 문을 통해서만 살아가야 하는 것처럼 삶의 의미를 축소시킨 듯했다.

외할아버지의 상여를 나도 따라갔다. 하관하는 것도 봤고, 달

궁가를 부르는 사람들을 신기하게 바라봤던 기억도 난다. 그리고 삽으로 흙을 탁탁 때려가며 둥글게 봉분을 만들던 것을 꼼짝 않고 서서 바라보던 기억도 난다. 드디어 둥근 봉분이 다 만들어지고 사람들이 무덤으로부터 떨어지던 바로 그때였다. 그 모든 것을 지켜보고 섰던 나는 기다렸다는 듯이 무덤 위로 기어올라가기 시작했다. 외할아버지가 그 아래 누워 있다는 것을 분명히 알고 있었는데 도대체 내가 왜 그런 돌발적인 행동을 했던 것일까? 두고두고 생각해도 참으로 알 수 없는 일이다. 아직도 나는 그때 신고 있던 하얀 운동화 등을 덮으며 아래로 흘러내리던 푸석푸석한 흙의 흐름을 기억한다. 내가 손으로 짚는 순간 형체가 뭉그러지던 무덤의 곡선도 기억한다. 나는 무덤의 꼭대기에 닿기도 전에 누군가에게 뒷덜미가 잡혔고 숲으로 끌려가 흠씬 얻어맞았다. 그는 나를 호되게 나무란 후 더없이 불길하게 느꼈을 그 일을 본 사람들의 입을 일일이 틀어막았다. 변명 같지만 외할아버지의 무덤을 허물어뜨릴 때 나는 처음으로 외할아버지와 격식 없이 장난을 치는 것 같은 기분이었다. 제발 저승에 있는 외할아버지도 그때 나의 행동을 그렇게 관대하게 생각하고 웃어줬으면 좋겠다.

    그 옛날 나의 외할아버지는 당시로서는 아무리 돈이 많아도 고칠 수 없는 병으로 이 세상을 떠났다. 이 세상 어딘가에서는 돈만 있으면 고칠 수 있는 병으로 지금 이 순간에도 많은 사람들이 죽어가고 있다.

내 생각은 다시 고무줄처럼 수축되며 처음으로 돌아온다. 돈이 없어 구차하게 연명해야 하지만 않는다면, 나는 아직도 내게 올 행운을 돈으로 받고 싶지는 않다. 행운이 돈이나 물질이 아닌 어떤 모습으로 내게 오면 좋을지는 여전히 모르겠다. 행운에 대한 구체적인 형상이나 이미지가 없기 때문에 내겐 아예 행운이 오지 않는 건지도 모르겠다.